드림
_____

내가 직접 고치고 꾸민

카페스타일 홈인테리어

내가 직접 고치고 꾸민
카페스타일 홈인테리어

초판 1쇄 발행 2013년 2월 15일
초판 2쇄 발행 2013년 3월 25일

지은이 강호정, 박효순

발행인 장상진
발행처 경향미디어
등록번호 제313-2002-477호
등록일자 2002년 1월 31일

주소 서울시 영등포구 양평동 2가 37-1번지 동아프라임밸리 507-508호
전화 1644-5613 | **팩스** 02) 304-5613

저작권자 ⓒ 강호정, 박효순

ISBN 978-89-6518-073-9　13590

· 값은 표지에 있습니다.
· 파본은 구입하신 서점에서 바꿔드립니다.

내가 직접 고치고 꾸민

카페스타일 홈인테리어

강호정 · 박효순 지음

경향미디어

프롤로그

　어느 날 인생을 뒤돌아보니 아무것도 이뤄놓은 게 없는 백지 같은 느낌이었습니다. 내 인생을 열심히 색칠하고 만들었다고 생각했는데 그냥 앞만 보며 달려오기만 했던 것 같았습니다. 삶의 변화가 필요했던 그때, 오래된 가구들을 리폼하면서 집안 분위기가 조금씩 달라지기 시작했습니다. 점점 리폼의 재미에 빠지면서 잔병치레를 했던 제 몸도 건강해졌습니다. 집을 꾸미면서 동시에 블로그도 꾸준히 관리하다 보니 가구·인테리어 파워블로그로 2년 연속 엠블럼을 받게 되었답니다.

　30대 후반 내 자신이 어디쯤에 있고, 어디로 가야 할지 모를 때 반가운 이정표를 만난 기분으로 톱질 인생을 살게 되었습니다. 제2의 인생을 열어주는 터닝포인트가 된 셈입니다. 그동안의 작업 과정을 모두 이 책에 담았습니다. 기초부터 시작한 모든 과정은 오로지 경험으로만 이루어진 셀프 인테리어입니다. 서툴기도 하지만 열정과 노력으로 만들어진 책이랍니다. 공동 저자인 컴홈과 함께여서 더 기뻤던 과정이었습니다. 블로그를 통해 알게 된 인연이 이제는 의지가 되는 든든한 인연으로 자리하고 있네요.

　이 책이 나오기까지 배려와 응원을 아끼지 않은 남편과 맨날 나무만 뚝딱거린다고 투덜대는 아들, 딸에게 미안함과 고마움을 전하고 싶습니다.

　많은 분들의 응원으로 이 책이 완성되었기에 다시 한 번 진심으로 감사의 말씀 전합니다. 나무를 만지는 순간만큼은 세상에서 가장 순수한 자연인이고, 그 속에서 나 자신을 발견하는 기쁨은 이루 말할 수 없을 정도입니다. 이제, 여러분과 공유하고 싶습니다.

토가방 강호정

prologue

　어느 날 우연히 동네 후배 집에 놀러갔다가 미송 패널로 만든 수납장을 보고, 나무의 컨츄리함에 빠져들었습니다. 후배 집을 며칠간 드나들다가 '나도 한 번 해볼까?' 하는 호기심에 일단 벽 페인팅부터 해보기로 했습니다. 그렇게 페인트와 붓을 무작정 사들고 안방의 벽을 페인팅하면서 평범했던 아줌마가 리포머의 길을 가게 되었습니다.

　내 손으로 내 집을 고치고 꾸밀 수 있다는 매력에 밥숟가락 놓기가 무섭게 자투리나무와 패널을 얻기 위해 공사장을 기웃거리게 되고, 재활용 리폼을 하기 위해 분리수거장을 찾아갔습니다. 혹여 길에서 버려진 가구라도 보면 무조건 집으로 들고 오기도 했습니다.

　아무 지식 없이 리폼을 하게 되니 한계에 부딪혀서 전문가 과정을 배우기도 했습니다.

　자신감을 얻게 되면서 블로그를 시작했고 저로서는 새로운 인생을 맞이하게 되었습니다. 그동안 리폼하면서 겪은 시행착오를 바탕으로 손수 집을 꾸미고 싶은 많은 분들에게 지침서가 되길 바라는 마음으로 이 책을 준비했습니다. 저의 든든한 협력자이자 버팀목인 토가방 언니와 함께 한 책이라 더욱 소중합니다.

　저에게 있어 리폼은 행복이자 활력이고, 자신감입니다. 활기찬 모습으로 최선을 다하는 모습은 딸에게 심심한 자극제가 되기도 했습니다.

　책 작업한다며 집안일에 소홀했는데 곁에서 많은 도움 준 신랑과 딸 예주에게 사랑하는 마음과 고마움을 전합니다. 또, 매일 컴홈하우스에 들러 아낌없는 격려와 용기를 주신 블로그 이웃님들, 감사합니다.

컴홈 박효순

차 례

프롤로그_4 인테리어에 사용되는 도구_10 나무의 종류_12 나무 표면 다듬기_13 드릴로 나무 연결하기_14 나무 자르기_16 나무와 콘크리트에 못 박기_18 페인팅에 필요한 도구_19 기본 페인팅하는 방법_21 도구 활용으로 배워보는 빈티지 페인팅_22 DIY에 필요한 기본 포인트_24 셀프 인테리어에 필요한 제품 구입처_25

1장 안방

001	벽지 위에 바로 작업하는 회벽 느낌의 **핸디코트 바르기**	_28
002	컨츄리풍의 목문 작업으로 화사한 **안방 창가**	_30
003	북유럽 느낌을 따라한 **안방 벽 포인트 컬러**	_34
004	초보자도 쉽게 따라할 수 있는 **방문 손잡이 교체**	_37
005	심플하면서도 컨츄리하게 **방문 리폼**	_40
006	인테리어 완성도를 높이는 **북유럽풍 조명**	_42
007	넉넉한 수납공간을 책임지는 **레트로풍 수납장**	_45
008	내추럴함이 묻어나는 **심플한 거울**	_48
009	철제 캐비닛 느낌 나는 **우드 캐비닛**	_50
010	멋진 콘솔 스타일의 서랍이 달린 **원목 테이블**	_52
011	새로 산 것처럼, 내추럴 느낌으로 **장롱 리폼**	_55
012	샘플 수납까지 완벽한 **화장대 수납함**	_58
013	모던하면서도 감각적인 **레트로 서랍장**	_60
014	쉐비하면서도 엔틱한 **화장대 의자 리폼**	_64
015	은은한 느낌의 삼나무 패널을 사용한 **침대 헤드**	_66
016	셀프 인테리어로 꾸미는 **붙박이장과 장롱 리폼**	_70
017	안방의 분위기를 멋스럽게 살린 **액자 소품**	_74
018	빈티지함을 살린 **심플 서랍장**	_76
019	북유럽 느낌을 살리기 위한 **내추럴 원목선반**	_78

contents

**2장
아이 방**

020	집중력을 키워주는 **딸 방 벽 꾸미기**	_82
021	깔끔하고 깨끗하게 **핸디코트로 벽 마감하기**	_84
022	시골 농가의 현관문을 닮은 **딸아이 방문**	_86
023	러블리하면서 여성스러운 **딸 방 등**	_90
024	삼나무 향 솔솔 풍기는 **딸 방 책상**	_92
025	다용도로 활용 가능한 **책장**	_94
026	라벨지를 이용한 스칸디나비아 스타일의 **필통**	_96
027	작업하기 편리한 **붙박이장 가벽**	_98
028	삼림욕 효과가 있는 **아들 방 벽 꾸미기**	_100
029	밋밋한 느낌에서 내추럴한 느낌으로 **원목 상판 책상**	_102
030	수납이 가능한 **행거**	_104
031	유럽 향기가 나는 **학생 의자**	_106
032	수납하기 아주 좋은 **트렁크장**	_108
033	삼나무를 그대로 느낄 수 있는 **A4용지함**	_110
034	초간단으로 만드는 **모니터 받침대**	_112
035	현대적이면서도 모던한 **폴등**	_114

**3장
주방**

036	내추럴하게 변신한 **화이트 주방 인테리어**	_118
037	싱크대 벽면을 깨끗하게 만드는 **자기질타일 붙이기**	_122
038	멀바우 집성목으로 새것 느낌 나게 **싱크대 상판 교체**	_125
039	다용도로 활용하는 **냉장고 위 수납공간**	_128
040	향수를 느낄 수 있는 **미닫이 주방 찬장**	_130
041	튼튼하게 조립 가능한 **주방 선반장**	_134
042	철망 문이 달린 **야채 보관함**	_138

043 모던하고 심플한 **레트로 식탁** _142
044 화사함과 우아함이 돋보이는 **주방 등** _144
045 도안을 스텐실하여 만든 **다용도 트레이** _146
046 버리기 아까운 잼 병 모아서 만드는 **유리병 소품** _148

4장 거실

047 카페 느낌을 살리는 **거실 가벽 세우기** _152
048 내추럴한 분위기를 가득 담아낸 **거실 셀프 인테리어** _155
049 튼튼하고 이동이 편리한 **거실 테이블** _158
050 포인트가 되어주는 **레드 4칸 수납장** _160
051 공간 활용도를 높인 **거실 창가 칸칸장** _162
052 거실의 분위기를 살리는 **소파** _164
053 심플하고 개성 있는 **공간박스 거실장** _166
054 내 손으로 직접 만드는 **거실 티브이장** _170
055 철망 문이 달린 **수납 선반장** _174
056 고방유리를 사용해서 만든 **수제 가구** _176
057 심플하면서도 깔끔한 **문 리폼** _180
058 자투리 각재로 만든 **우유갑 데코소품** _182
059 비비드한 노란 색상의 **레트로 테이블** _184
060 평범해 보이지만 아이디어 상품인 **신발장 리폼** _186
061 심플하면서도 빈티지한 **북유럽풍 거실 액자** _190
062 쓰임새 많은 **18칸 수납 서랍장** _192
063 안 쓰는 책장과 다리를 이용해서 만든 **레트로 우드 캐비닛** _195
064 빈티지함이 물씬 풍기는 **캐비닛 느낌의 수납장** _198

contents

5장 욕실

065 유럽여행하는 기분이 느껴지는 **욕실 벽**	_204
066 에티켓까지 생각한 **욕실 문 리폼**	_206
067 휴식 공간으로 탄생한 **건식과 습식 욕실**	_208
068 수건을 많이 수납할 수 있는 **고방유리 수건장**	_211
069 스테인드글라스 물감으로 표현한 **유리 창문**	_214
070 곡선으로 세련미를 살린 **세면장**	_218
071 파리의 에펠탑 그래픽스티커로 **욕실 벽 꾸미기**	_220
072 불이 켜지면서 기포가 생기는 **쇼콜라 욕실 등**	_222

6장 베란다

073 베란다 공간 활용으로 만든 **세탁 수납장과 가벽**	_226
074 편안한 분위기의 **베란다 바닥 데크**	_230
075 10분 만에 완성한 **빈티지 조명**	_232
076 햇살이 들어오는 **창가의 원목 덧창**	_236
077 컨츄리풍 카페 분위기로 **베란다 인테리어**	_240
078 숍에서 판매하는 소품 흉내 낸 **쓰레받기**	_244
079 쉽고 간단하게 만드는 **조화걸이 소품**	_246
080 자투리 나무와 패브릭으로 완성한 **인터폰 가리개**	_250

부록 계단

081 복층식 계단의 3단계 작업 **페인팅, 핸디코트, 시트지**	_254
082 복층식 계단 창문에 **패널 문 달기**	_257
083 낭만적인 분위기를 연출하는 **그래픽스티커**	_260

인테리어에 사용되는 도구

1 자, 줄자, 쇠자 : 작업할 때 필수적으로 사용되며, 3m와 5m를 많이 쓴다.

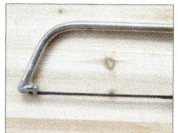  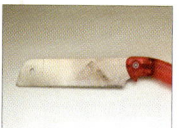

2 톱 : 요술톱, 목다보용톱, 목공용톱

  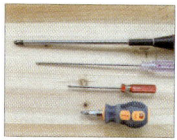 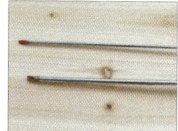 

3 망치 : 쇠망치, 나무망치   **4 드라이버** : 십자, 일자   **5 끌** : 홈을 팔 때 사용한다.

 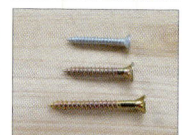 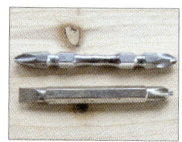 

6 드릴 : 전기드릴, 충전용드릴, 해머드릴
　　드릴비트, 다양한 드릴피스, 일자·십자 드라이버비트, 이중기리

7 홀쏘 : 구멍을 뚫을 때 사용한다.   **8 건타카와 호침** : 나무와 나무를 연결할 때 사용한다.   **9 전기타카**(나일러)**와 나일러 타카핀** : 가장 많이 사용하는 도구로 나무 연결 시 사용한다.   **10 직소기와 날** : 목재나 철제를 단순 절단하거나 곡선으로 자를 때 사용한다.

11 원형톱 각도기 : 나무의 각도를 내서 절단할 때 사용한다.

12 각도 톱질대 세트 : 여러 각도로 절단할 때 사용한다.

13 샌더기(수동형과 전기용) : 사포를 끼워서 샌딩하면 표면을 고르게 다듬어준다.

14 사포 : 목재 표면 페인팅 전후 바탕을 샌딩하는데 사용한다.

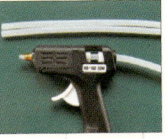

15 목공본드 : 나무를 연결할 때 바르면 더욱 견고하게 연결된다.

16 우드필러 : 패인 홈을 메울 때 사용한다.

17 글루건과 스틱핫멜트 : 스틱핫멜트를 글루건에 꽂고 2~3분 후면 녹아서 접착하기 쉽다.

18 실리콘건과 실리콘 : 유리나 금속, 나무 등 다용도 접착제로 사용한다.

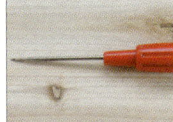

19 클램프 : 나무 연결 시 목공본드를 바르고 클램프로 고정하면 나무가 견고하게 연결된다.

20 송곳 : 아주 조그만 못을 박을 때 미리 홈을 내는 용도로 사용한다.

21 고무헤라 : 핸디코트를 펴 바를 때 사용한다.

22 니퍼 : 쇠나 와이어를 절단할 때 사용한다.

23 평노우즈 : 링이나 철을 구부리거나 펼 때 사용한다.

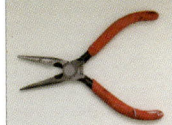

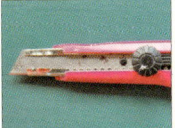

24 롱노우즈 : 전선이나 비즈작업, 또는 와이어를 구부리는 작업을 할 때 유용하다.

25 펜치 : 못을 박거나 제거할 때 사용한다.

26 다목적 가위(철망 절단용) : 철망이나 철판을 절단할 때 사용한다.

27 커터칼

28 전기대패 : 나무 표면을 깎을 때 사용한다.

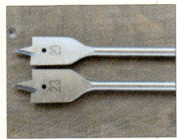

29 모서리대패 : 모서리의 날카로움을 부드럽게 해준다.

30 수평계 : 문틀이나 바닥 등 수평을 요하는 곳의 수평도를 측정하기 위한 도구이다.

31 보링비트 : 목재면에 구멍을 낼 때 사용하는 드릴비트의 종류다.

나무의 종류

집성목 : 나무를 W자로 잘라서 목공본드로 이어붙인 것을 말한다.

1 **삼목 집성목** : 가볍고 습기에 강하고 향기가 좋아서 가구나 소품에 많이 쓰이는 나무이나 조그만 충격에도 홈이 패이는 것이 단점이다.
2 **멀바우 집성목** : 나무 강도가 높고 부식, 벌레 등에 강하며 방부처리가 필요 없는 천연 방부목으로 색상이 일반 나무보다 진하며 나뭇결이 살아 있어 상판으로 많이 사용한다.
3 **홍송 집성목** : 휨과 신축, 갈라짐이 적고 튼튼해서 인테리어 내장재로 많이 사용한다.
4 **스프러스 집성목** : 표면이 잘 마감처리된 집성목으로 튼튼해서 좋으나 약간의 휨 현상이 발생한다.
5 **미송 집성목** : 미송을 집성목한 것으로 삼나무보다 강하며 튼튼하고 가구에 많이 사용한다.

원목 : 가공하지 않은 나무를 의미한다.

1 **티크고재** : 동남아시아에서 직수입한 친환경 리사이클링 티크목재로 핸드메이드 가구와 빈티지 인테리어 소품으로 만들면 좋다.
2 **삼목 데크재** : 수분에 강하고 향기가 좋아서 베란다와 바닥재로 많이 사용한다.
3 **오비스기 데크재** : 쉽게 부패되지 않고 튼튼하여 베란다, 평상, 욕실 바닥재로 사용한다.
4 **레드시다** : 적삼목으로 습기와 부식, 충해에 강하고 욕실, 주방용으로 사용한다.
5 **홍송 레드파인** : 러시아산 레드파인으로 소나무 무늬가 자연스럽게 드러나는 원목 판재로 가구나 상판에 좋다.

루바 : 홈이 패인 부분과 홈이 있는 부분을 끼워 맞추면 손쉽게 설치 가능하다.

1 **미송 루바** : 표면에 옹이가 자연스럽고 집안의 습도를 조절하며 벽면, 가구 문짝에 많이 사용한다.
2 **삼목 루바** : 수분과 충해에 강하며 향기가 좋고 아토피, 알레르기를 개선해준다.

각재(각목) : 각진 목재를 말한다.

1 **미송 각재** : 정사각형 각재와 직사각형 투바이 각재가 있으며, 보통 목재소에서 판매하는 각재는 러시아산 소나무가 많다.
2 **스프러스 각재** : 가문비나무라고도 하며, 재질이 연해 뒤틀리기 쉬우나, 대체적으로 나뭇결이 뚜렷하고 조직이 곧고 균일하며 가격 또한 저렴해 소가구 제작으로 많이 사용한다.
3 **적삼목 각재** : 습기와 부식, 충해에 강하고, 건식 욕실 바닥 지주대로 사용한다.
4 **나왕쫄대** : 문틀에 유리를 고정하거나 고정용 쫄대로 사용한다.
5 **목다보** : 목재끼리 연결할 때 구멍을 뚫어서 목다보로 연결해주며, 홈이 파인 부분을 가려주는 용도로 사용한다.
6 **목봉** : 소나무로 만든 굵은 나무로 굵기가 여러 가지다. 15㎜를 가장 많이 사용한다.

나무 표면 다듬기

사포 종류와 사용 방법

목재 표면 페인팅 전후 바탕을 샌딩하는데 사용하며, 필요한 만큼 잘라서 쓰면 사포를 절약할 수 있다.

1 **60방, 80방, 100방** : 아주 거친 목재를 샌딩할 때 사용한다.
2 **180방** : 집성목이나 미송을 샌딩할 때 사용한다.
3 **220방** : 원목, 집성목 등을 샌딩할 때, 기존 제품을 리폼할 때 표면 샌딩에도 적합하다.
4 **400방, 600방** : 조금 부드러운 상태의 표면에 사용, 젯소나 페인팅 과정 중 더욱 고운 면을 얻고자 할 때 사용한다.
5 **800방** : 최종 마감재를 더욱 곱게 샌딩할 때 사용, 워싱이나 스테인 작업 완료 후 살짝 샌딩하면 아주 부드러운 면이 된다.

드릴로 나무 연결하기

다양한 드릴 종류

보쉬IXO 충전드릴 : 초보자가 사용하기에 아주 좋지만 3.6V로 힘이 약한 게 흠. 반제품을 조립할 때 주로 사용하며 가격이 저렴한 게 장점이고 충전해서 사용할 수 있다.

CEL 리튬이온 충전드릴 : 10.8V로 힘이 좋으며, 속도와 힘 조절이 가능하고 충전드릴치고 무게가 가벼워서 좋다. 드릴비트 교체도 쉽게 할 수 있다.

디월트 전기드릴 : 충전드릴의 힘이 약할 때 전기드릴을 사용하는데 초보자는 사용하기에 무리가 있으며, 보통 드릴비트로 시멘트 벽에 구멍을 내거나 힘이 필요할 때 사용한다.

메타보 해머드릴 : 보통 굵은 드릴비트로 큰 구멍을 뚫을 때 사용하는 해머드릴로 DIY 할 때는 거의 사용되지 않으며, 건축용이나 중장비 쪽으로 사용된다.

드릴로 피스 박기

나무 두께가 있을 때에는 피스 박기가 힘들기 때문에 드릴비트로 구멍을 내고 피스를 박아주면 편하게 박을 수 있다.

드릴 사용하는 자세

1 드릴을 안정적으로 잡아준다.

2 왼손으로는 나무를 잡아주고, 오른손으로는 박으려는 곳과 일직선이 되게 피스를 박아준다.

3 피스가 조금 들어가게 되면 드릴 아래쪽을 잡아주고 힘을 실어서 위에서 아래로 피스를 박아준다.

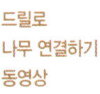

드릴로 나무 연결하기 동영상

타카로 나무 박기

1 타카 호침을 끼우기 위해서 버튼을 눌러서 잡아당긴다.

2 나무를 연결하는 두께에 따라서 호침 길이를 선택한다.

3 타카에 호침을 끼워준다.

4 딱 소리가 나게 손바닥으로 쳐서 밀어넣는다.

5 일자가 되게 타카를 잡고 타카 머리는 왼손으로 잡고 탁 소리가 나게 박아준다.

6 타카 머리가 나온 경우에는 망치로 박아준다.

7 나무를 떼어줄 때에는 박은 나무를 양쪽으로 벌려서 분리한다.

8 망치로 튀어나온 타카 호침을 두드려준다.

9 튀어나온 호침 머리를 펜치로 빼주면 타카 호침이 제거된다.

타카 자세

타카 동영상

나무 자르기

나무 자르는 도구

나무를 자르는 도구로는 톱 이외에도 다양한 전기도구가 있다. 원형톱, 직소기, 각도톱질대, 원형으로 구멍을 내기 위해서는 드릴비트, 홀쏘, 보링비트 등을 사용한다.

  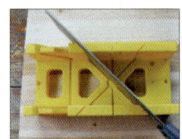
  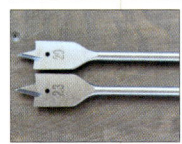

원형톱으로 나무 자르기

다양하게 나무를 절단할 때 사용하며, 각도를 마음대로 조절할 수 있다. 나무를 절단할 때 소리가 크게 나므로 안전사고에 주의해야 한다.

 원형톱으로 나무 자르는 동영상

 원형톱으로 45도 각도로 나무 자르는 동영상

직소기 칼날 교체하기

1 직소기 칼날을 교체하기 위해서 1자 드라이버와 직소기 날을 준비한다.

2 머리 부분의 구멍에 1자 드라이버를 넣고 시계 반대방향으로 돌려서 조였던 칼날을 풀어준다.

3 직소기 날을 하늘을 향해 돌려서 꺼낸다.

4 교체할 칼날을 다시 넣는다.

5 교체한 직소기 날을 앞을 향해 돌려서 고정한다.

6 1자 드릴을 넣고 시계방향으로 조인다.

직소기로 사각형 따기

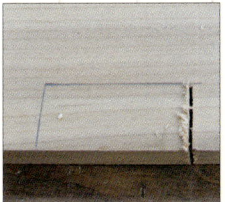

1 사각형으로 나무를 따기 위해서 우선 연필로 밑그림을 그린다.

2 자르려고 하는 나무에 직각이 되게 나무 위에 직소기를 올린다.

3 오른쪽 면부터 절단해준다.

4 직소기는 직각으로 절단할 수 없으니 곡선이 되게 절단한다.

5 왼쪽 면도 절단한다.

6 곡선으로 절단한 부분을 일자로 절단한다.

7 직소기로 사각형을 깔끔하게 딴다.

직소기로 사각형 따기 동영상

직소기로 원형 따기

1 직소기 칼날보다 좀 더 굵은 드릴비트를 준비한다.

2 연필로 그린 원형 위에 드릴비트로 구멍을 낸다.

3 구멍에 직소기를 넣고 원형으로 절단한다.

4 나무를 동그랗게 돌려가면서 원형이 되게 절단한다.

5 깔끔하게 원형으로 절단이 되었다.

직소기로 원형 따기 동영상

나무와 콘크리트에 못 박기

콘크리트에 피스 박기

1 칼브록과 두께가 비슷한 드릴 비트와 피스를 준비한다.

2 시멘트 벽에 드릴로 구멍을 뚫어준다. 충전용드릴보다는 전기드릴이나 해머드릴을 권한다.

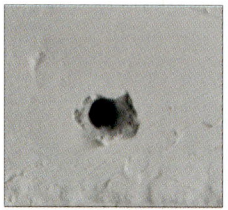

3 칼브록이 들어갈 만큼의 깊이로 구멍을 뚫어준다.

4 칼브록을 끼우고 망치로 박아준다.

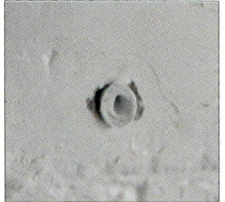

5 칼브록이 벽에 일자가 되도록 붙게 박아준다.

6 마지막으로 피스를 박아준다.

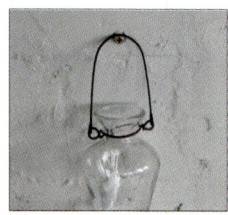

7 콘크리트 벽이나 시멘트 벽에 꽂아서 다양한 걸이로 사용할 수 있다.

페인팅에 필요한 도구

붓

1 **페인트용 붓** : 좁은 면이나 구석진 곳을 칠할 때, 붓 자국을 자연스럽게 표현할 때 사용한다.
2 **빽붓** : 털이 짧고 부드러워, 페인트보다는 아크릴물감이나 바니시를 칠할 때 사용한다.
3 **평붓** : 작은 소품을 칠할 때나 타일 줄눈제 작업 시 사용한다.
4 **스텐실 붓** : 물감으로 포인트 글씨체를 찍어줄 때 사용한다.

롤러 & 트레이

롤러 : 가구의 넓은 면이나 벽면 페인팅할 때 주로 사용되고, 붓 자국 없이 깨끗하게 칠할 수 있다.
트레이 : 적당량의 페인트를 덜어 사용하는 도구. 특히 벽면을 페인팅할 때 롤러에 묻히는 페인트의 양을 조절할 수 있다.

스펀지 & 스펀지 붓

나무 질감의 느낌을 살리는 데 사용하며, 스테인 작업이나 막대가 달린 스펀지 붓은 칠판 페인트칠할 때 사용한다.

마스킹 테이프 & 커버링 테이프

페인트가 묻으면 안 되는 부분에 마스킹 테이프를 붙이고 작업하면 깔끔하게 페인팅할 수 있다. 비닐이 붙어 있는 커버링 테이프는 가구나 소품 등을 감싸고 벽면 페인팅 시 바닥에 깔고 움직이지 않게 고정할 수 있어 편리하다.

젯소

페인팅 작업 전에 칠하는 하도제이며 프라이머라고도 한다.

페인트

종류와 용도가 다양한 페인트는 보통 수성과 유성으로 나뉜다.
신나를 섞어 사용하는 유성 페인트는 냄새가 강하고 유해성분 배출이 심해, 가정에서 리폼용으로 사용하기엔 부적절하다. 보통 용도에 따라 물을 희석하고 씻어낼 수 있는 수성용 페인트를 많이 사용한다. 친환경으로 나온 제품은 아이들 방의 가구 리폼이나 벽면 페인팅에 사용해도 인체에 무해하다.

수성 스테인
나뭇결의 자연스러운 느낌은 살리고 아름다운 컬러로 표현하고 싶을 때 사용하는 착색제로, 방충·방습 효과가 뛰어나다. 물로 희석해서 사용할 수 있는 수성 스테인은 냄새도 적고 작업이 쉽지만 방습효과가 떨어지기에 경우에 따라서 마감제를 사용하는 것이 좋다.

오일 스테인
방충·방습효과가 뛰어나고 원목 깊숙이 침투하여 재도장 시에도 목재의 무늬가 그대로 유지된다. 스테인이란 착색제, 염료 등을 의미하지만 오일 스테인은 유성 착색제이기 때문에 마감제 사용은 하지 않아도 된다. 붓 사용 후, 신나로 세척해야 하는 번거로움이 있어 스펀지를 작게 잘라 1회용으로 사용하기를 권한다.

아크릴물감
코팅되지 않는 원목, 작은 소품, 스텐실로 포인트를 줄 때 주로 사용한다. 페인트 색상을 표현하고자 할 때 조색제로 사용해도 된다. 원액 그대로 사용해서 깊이 있는 컬러 표현을 할 수 있고, 물에 희석해서 사용하면 워싱 페인트의 효과를 낼 수 있다.

바니시
페인트나 아크릴물감을 칠한 뒤에 바르는 코팅제이며 마감제라고도 한다. 칠한 페인트가 벗겨지는 것을 방지하고, 쉽게 변색되는 것을 막아준다. 방수효과가 있어 물이 직접적으로 닿는 부분엔 여러 번 칠해주는 것이 좋다. 보통 유광, 저광(반광)으로 나뉘며 사용법에 따라 물을 희석해서 사용하기도 한다.

칠판 페인트
원목, 철제, 플라스틱 등 리폼으로 활용할 수 있는 재료 표면에 칠해서 칠판처럼 사용할 수 있는 페인트이다.

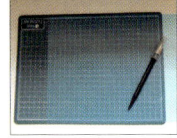
스텐실 칼, 보조판, 필름
리폼 작업 후 원하는 글씨체를 손수 만들고 글씨체를 오려내어 사용할 수 있게 하는 스텐실 도구들이다.

> **TIP**
> 생활 속 리폼이나 가구 만들기를 한때 종류별의 페인트와 스테인을 갖춰두고 사용할 필요는 없다. 페인트는 가장 기본적으로 많이 사용하는 것으로, 바니시, 흰색 페인트만 갖추고 원하는 색상을 표현하고 싶을 땐 아크릴물감을 조색제로 사용해도 된다.
> 페인트나 아크릴물감에 물을 희석해서 스테인처럼 사용해도 무난하니, 무분별한 재료 구입보다는 한 두 가지씩 구비하는 것이 좋다. 그렇게 경험을 쌓은 뒤, 스타일에 맞는 재료를 구입하면 된다.

기본 페인팅하는 방법

가구 리폼 페인팅 순서

1 리폼할 가구의 표면을 깨끗이 닦아낸다.

2 손잡이를 풀어낸다.

3 서랍과 몸체를 따로 분리해 준비한다.

4 시트지가 깨끗하게 붙어 있는 가구라면 시트지 위에 바로 젯소를 칠한다.

5 젯소를 칠하고 3시간가량 건조한 후, 위에 한 번 더 칠한다.

6 젯소가 건조되면 원하는 페인트 색상을 선택해서 2~3회 정도 칠한다.

TIP 용도에 따라 바니시를 칠하면 오염방지와 함께 페인트가 벗겨지는 현상을 막을 수 있다.

페인팅 도구 사용 방법

붓 : 젯소용, 페인트용, 바니시용으로 붓을 정해두고 사용하면 좋긴 하지만 흰색의 페인트를 칠할 경우에는 젯소를 칠한 붓과 페인트칠하는 붓을 통일해도 상관없다. 보통 젯소나 페인트를 칠하고 건조시간을 기다려야 하는데 이때 사용하던 붓을 그냥 두면 금세 말라 버린다. 그럴 때는 투명 비닐봉지에 넣고 공기가 통하지 않도록 묶어두면 하루 정도는 촉촉한 상태로 보관할 수 있다. 다 사용하고 난 붓은 찬물이나 미지근한 물에 충분히 헹궈준다. 흐르는 물에 깨끗이 세척했다 해도 잔여물이 남아 있기 때문에 2~3시간 물속에 담가 두어야 한다. 물기를 잘 털어낸 후, 붓을 눕혀서 건조한다.

트레이 : 플라스틱의 트레이를 사용할 땐 비닐봉지를 씌워 사용한다. 페인팅 작업이 끝난 후, 비닐봉지만 걷어내면 트레이를 따로 세척할 필요가 없다.

도구 활용으로 배워보는 빈티지 페인팅

스크랩우드 페인팅(마스킹 테이프 활용)

1 반제품을 조립한다.

2 스툴 상판에 커터칼로 경계선이 될 홈을 그어준다.

3 짙은색 오일 스테인(벤자민무어 아보코트 스테인)을 상판 전체에 칠한다.

4 색상이 조합될 경계가 될 부분에 마스킹 테이프를 붙인 후 원하는 색상의 페인트를 칠한다. 페인트가 완전 건조되기 전, 마스킹 테이프를 떼어주면 빈티지한 효과를 얻을 수 있다.

빈티지 페인팅(초 활용)

1 스툴 상판에 오일 스테인(벤자민무어 아보코트 스테인)을 묻힌 스펀지로 쓱쓱 칠한다.

2 스테인 건조 후 초를 이용하여 원하는 문양을 그린다.

3 민트색 페인트를 2회 칠한다.

4 페인트 건조 후 커터칼로 초를 칠한 자국 위의 페인트를 살살 긁어준다. 느낌 표현을 위해 원하는 색상의 페인트를 문양 사이에 칠해준다.

빈티지 느낌 표현(톱과 사포 활용)

1 리폼할 소품 표면 위에 톱을 이용해서 자국을 낸다.

2 엔틱 글레이즈(제너럴피니쉬 반 다크 브라운)를 칠한다.

3 스테인 건조 후 페인트를 2회 칠한다.

4 페인트 건조 후 수동샌더기에 사포를 끼워서 평면과 테두리 부분을 샌딩한다.

거친 느낌 표현(사포 활용)

1 물을 묻히지 않은 붓에 페인트를 묻혀 쓱쓱 칠한다.

2 페인트가 건조되면 180방사포를 이용하여 평면과 테두리 부분을 샌딩한다.

3 부속품으로 사용되는 훅걸이도 페인팅한 후 사포로 살짝 샌딩한다.

철제 느낌 표현(커터칼 활용)

1 오일 스테인(본덱스 도토리)을 스펀지에 묻혀 소품 전체에 1회 칠한다.

2 스테인 건조 후 물감과 붓을 준비해서 소품 전체에 2회 칠한다.

3 물감 건조 후 테두리와 평면 부분에 커터칼로 살살 긁어내듯이 물감을 벗겨준다. 물감을 과하게 벗겨낸다.

4 철제 느낌을 표현하기 위해 바니시(벤자민무어 고광)를 1회 칠한 후 건조한다.

완성

스크랩우드 페인팅(마스킹 테이프 활용)   빈티지 페인팅(초 활용)   빈티지 느낌 표현(톱과 사포 활용)

거친 느낌 표현(사포 활용)   철제 느낌 표현(커터칼 활용)

DIY에 필요한 기본 포인트

스텐실 도안 파기

1 원하는 문구 위에 필름지를 올리고, 마스킹 테이프로 움직이지 않도록 고정한다.

2 필름지 위로 보이는 문구를 네임펜을 이용해서 그린다.

3 보조판 위에 필름지를 올려놓고 스텐실용 칼을 이용해 한 글자씩 오린다.

4 스텐실 붓과 아크릴물감을 준비해서 스텐실을 찍어주는 방법으로 새긴다.

완성.

스텐실하는 방법

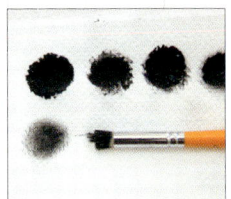

1 적당히 짜낸 물감 위에 스텐실 붓을 찍어서 들어내듯 묻혀준다.

2 키친 타올 위에 붓을 올린다.

3 제자리에서 원을 그리듯(6~10회 정도) 돌려가며 문지른다.

4 적당한 음영을 얻을 때까지 옆으로 옮겨가며 물감을 뺀다. 손목의 힘을 최대한 빼고 볼터치하듯이 돌려준다.

5 물감 빼는 작업에서 돌리는 작업을 했던 그 느낌으로 스텐실 도안을 대고 돌려주며 스텐실한다. 한 글자씩 찍어갈 때마다 위의 방법을 반복적으로 해준다.

완성.

셀프 인테리어에 필요한 제품 구입처

반제품 구입처
손잡이닷컴 www.sonjabee.com
다이야놀자 www.diyya.com
파파나무 www.papanamoo.co.kr
필웰 www.feelwell.co.kr

페인트 구입처
벤자민무어페인트 www.benjaminmoore.co.kr

조명 구입처
공간조명 www.9s.co.kr

가구 구입처
디노데코 www.dinodeco.com
페인트인포 www.paintinfo.co.kr

나무 구입처
타이거우드(원목, 각재) www.tigerdiy.com
키엔호(고재) www.kienho.com

소품 구입처
키스마이하우스 www.kissmyhaus.com
그녀의하루 www.shesday.kr
애플컨츄리 www.applecountry.co.kr
행복디자인 www.designhappy.co.kr
라세레나 www.laserena.co.kr
살롱드마마 www.salondemama.com

침구 구입처
그녀들의공간 www.thatgirls.com
코지코튼 www.cozycotton.co.kr

그래픽스티커 구입처
상상후 www.sangsanghoo.com

네임라벨, 가죽라벨, 원단인쇄 구입처
루시다이아몬드 www.lucydiamond.co.kr

원단 구입처
썬퀼트 www.sunquilt.com

1장

안방

화사하면서도 내추럴한 안방

결혼하면서 구입한 옷장과 침대는 화사한 느낌의 화이트 색상으로 바꾸어 주었습니다. 옷장 위의 공간은 광목으로 마무리하고 옷장 옆부분에는 갤러리 창문을 달아서 붙박이장 역할을 하게 했습니다. 화이트 톤으로 꾸민 깨끗하면서도 꾸밈없는 안방은 마음마저도 비움의 공간으로 만든답니다.

001 벽지 위에 바로 작업하는 회벽 느낌의
핸디코트 바르기

블루색 페인트로 안방의 한쪽 벽면을 칠한 적이 있었는데,
시간이 지나면서 식상하기도 하고, 단독주택의 여건상 실내외 온도차로
구석진 부분에는 곰팡이가 생겨 핸디코트 작업을 결심했답니다.
핸디코트는 수분을 흡수해 곰팡이가 심하게 피는 것을 방지하는 효과가 있어요.
심플하면서도 거친 느낌을 살려 작업했답니다.

before

사용한 도구 고무헤라, 롤러, 붓, 트레이
사용한 재료 워셔블 핸디코트, 페인트(벤자민무어 벤 cloud white 967)

1장_ 안방

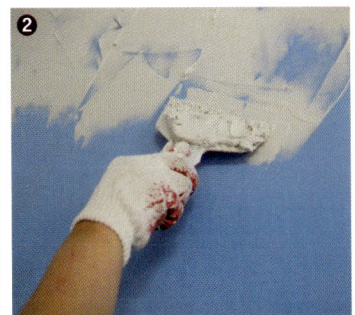

1 워셔블 핸디코트를 작은 판이나 그릇에 적당량 덜어낸다.
2 고무헤라에 핸디코트를 덜어서 벽에 펴 바른다.
TIP 손목에 힘을 빼고 W자 모양으로 척척 때리듯이 펴 발라줍니다.

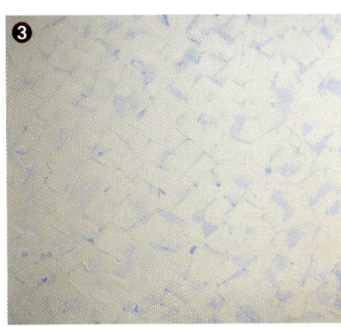

3 벽 전체에 핸디코트를 1회 펴 바른 후 바짝 말린다.
4 페인트(벤자민무어 벤 cloud white 967)를 비닐 씌운 트레이에 적당량 덜어준다.

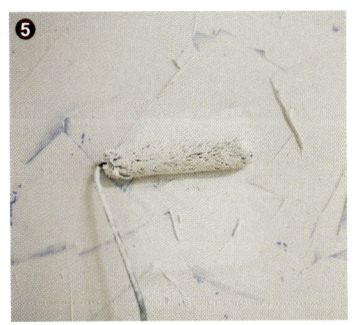
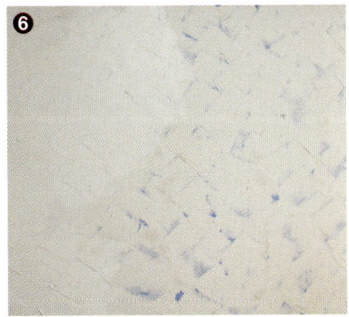

5 롤러에 페인트를 묻히고 핸디코트 벽에 굴리듯이 펴 바른다.
6 페인팅한 모습.

7 천장과 벽 사이의 몰딩이나 페인트가 잘 칠해지지 않은 부분엔 붓으로 페인팅한다.

002 컨츄리풍의 목문 작업으로 화사한
안방 창가

커튼이나 블라인드로 창을 가렸던 평범한 방법을 탈피하고,
원목이 주는 내추럴한 느낌의 목문을 만들어
컨츄리풍의 안방으로 꾸며주었습니다.

before

사용한 도구 직소기, 충전드릴, 전기타카, 전동샌더기, 글루건, 스펀지
사용한 재료 보강 평철, 꺽쇠, 목공본드, 페인트(벤자민무어 벤 cloud white 967),
손잡이, 경첩, 미송 각재(두께 40mm×폭 40mm),
미송 합판 패널(두께 4.8mm×폭 100mm, 두께 15mm×폭 100mm),
파덱스PL50본드, 스테인(트루톤 내추럴 우드 스테인 오크)

1장_ 안방

1 창문 덧창틀 만들기에 사용될 각재를 전동샌더기로 밀어준 후, 직소기로 손수 재단한다.

2 나무와 나무가 연결될 부분에 목공본드를 바른다.

3 나무와 나무를 연결할 때는 평평한 꺽쇠로 고정한다.

4 목공본드와 피스 연결로 덧창틀을 완성한다.

5 기존 창틀에 덧창틀을 끼워 넣듯이 덧대준다.

TIP 피스 사용이 가능한 플라스틱 샷시이므로 덧창틀은 바로 피스로 고정해주세요.

6 스테인(트루톤 내추럴 우드 스테인 오크)을 스펀지에 묻혀 덧창틀에 칠해준다.

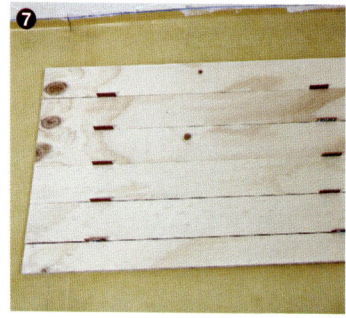

7 미송 합판 패널(두께 15㎜×폭 100㎜)을 창문 크기에 맞게 가조립하여 목문을 만든다.

TIP 패널과 패널 사이의 일정한 간격을 맞추기 위해 화투장을 이용하면 작업이 수월해집니다.

8 가로로 덧댈 패널에 목공본드를 발라준다.

9 전기타카로 고정한다.

10 페인트(벤자민무어 벤 cloud white 967)를 준비한다.

TIP 미송 합판 패널(두께 4.8㎜×폭 100㎜)을 준비해서 패널 뒤쪽에 파덱스PL50 본드를 바른 후, 양쪽 끝에 글루건을 쏘아 벽에 차례대로 붙여요. 패널을 붙이고 손을 바로 떼지 말고 1~2분 정도 꾹 눌러줍니다.

11 패널 벽에 쓱쓱 칠한다는 느낌으로 발라준다.

12 패널 벽 전체에 1회 페인팅한 모습.

13 한 번 페인팅한 후에 건조하고, 다시 1회 덧칠한다.
14 목문도 패널 벽과 같은 색의 페인트로 칠한다.

15 목문에 경첩을 달아준다.
16 덧창틀에 목문을 달아준다.

003
북유럽 느낌을 따라한
안방 벽 포인트 컬러

전체적으로 화이트 톤의 안방 분위기에,
한쪽 벽면은 블루빛 포인트 컬러로 페인팅을 해주었습니다.
심플하면서도 경쾌한 느낌의 북유럽풍 스타일입니다.

before

사용한 도구 롤러, 붓, 트레이, 비닐마스킹 테이프, 페인트 뚜껑따개
사용한 재료 페인트(벤자민무어 네츄라 jamestown blue HC 148)

1장_ 안방

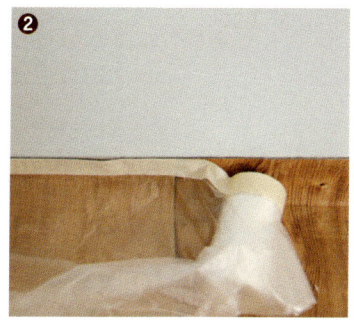

1 페인트 도구들을 준비한다.
2 벽과 바닥의 경계선에 비닐마스킹 테이프를 붙인다.

3 방바닥에도 페인트가 튈 수 있으니 비닐을 펼쳐 놓는다.
4 트레이는 투명 비닐봉지로 한 번 감싸 준다.

5 페인트(벤자민무어 네츄라 jamestown blue HC 148)와 롤러를 준비한다.
6 페인트 뚜껑은 전용따개로 연다.

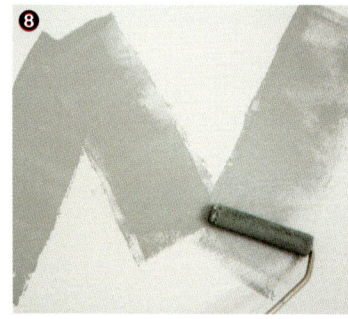

7 트레이에 적당량의 페인트를 덜어준다.
8 롤러에 페인트를 묻혀서 벽에 W자 모양으로 칠한다.

9 한쪽 벽면에서 옆으로 이동하며 페인팅한다.
10 벽에 있는 스위치가리개나 콘센트 주변은 붓을 사용하여 칠해준다.

11 페인팅이 건조되면 마스킹 테이프를 제거하고 마무리한다.

TIP 페인트 작업 시 페인트가 묻지 말아야 할 곳에는 비닐마스킹 테이프를 붙여줍니다. 트레이는 투명 비닐 봉지로 씌워서 사용하는 것이 좋습니다. 작업이 끝난 후에는 비닐봉지만 걷어 버리면 따로 트레이를 세척할 필요가 없어요.

초보자도 쉽게 따라할 수 있는
방문 손잡이 교체

구릿빛이 감도는 손잡이로 리폼을 했는데도 방문이 평범해 보이는 경우가 있습니다. 심플하면서도 깔끔한 느낌의 손잡이로 교체하여 전체적인 공간 변신을 시도해 보았습니다.

before

사용한 도구 충전드릴, 뾰족한 송곳이나 미니 드라이버
사용한 재료 방문 손잡이

1 안쪽 손잡이 옆부분에 작은 구멍 사이로 송곳을 넣어 꾹 누른 채, 손잡이를 잡아당긴다.
2 동그란 원판을 시계방향으로 돌려 분리한다.

3 드릴로 두 개의 피스를 풀어준다.
4 피스를 풀면 원형 밑판이 떨어진다.

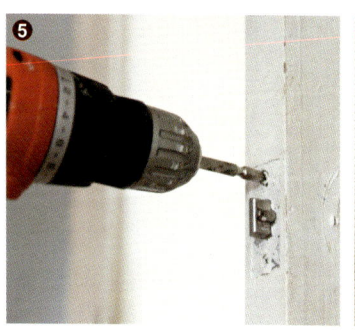

5 방문 옆 테두리 부분의 덮개 나사를 풀어준다.
6 교체할 손잡이의 레치볼트에서 팔 부분을 뺀 후 문짝에 끼워준다.

1장_ 안방

7 방문 옆부분에 새로운 덮개를 씌워준 후 나사로 고정한다.
8 빼어두었던 팔 부분을 끼워준다.

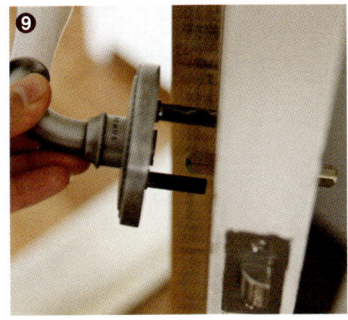

9 방문 뒤쪽에서 손잡이를 끼워준다.
10 방문 앞쪽에서 손잡이를 끼워준다.

11 잠금장치를 좁은 홈에 끼우고 피스로 고정해준다.

TIP 손잡이는 열쇠를 사용하는 것과 사용하지 않는 것으로 구분됩니다. 설치할때에는 잠금장치를 설치할작은 구멍이 있는 곳이 방문 안쪽으로 향해야 합니다.

심플하면서도 컨츄리하게
방문 리폼

싫증이 난 방문을 새로운 방문으로 만들었습니다.
좀 더 쉽고 간단하게 작업하기 위해서
미송 합판 패널을 활용하여 방문을 리폼했습니다.

before

사용한 도구 직소기, 전기타카, 충전드릴, 고무헤라, 9자말이 노우즈

사용한 재료 미송 합판 패널(두께 4.8mm×폭 100mm), 페인트(벤자민무어 네츄라 white dove OC 17), 핸디코트(라이트), 미송 각재(두께 30mm×폭 30mm), 자투리 각재(두께 30mm×폭 30mm), 삼나무 패널(두께 15mm×폭 120mm), 와이어, 목공본드

1장_ 안방

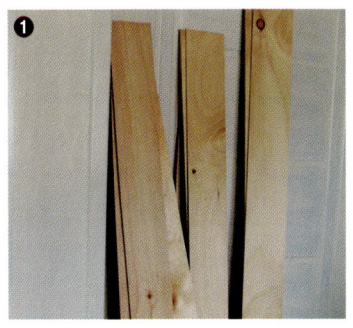

1 기존 방문에 미송 합판 패널(두께 4.8㎜ ×폭 100㎜)을 덧대기 위해서 준비한다.
2 우선 테두리가 될 부분부터 덧대는데, 이때 목공본드를 바르고 전기타카로 고정한다.

3 손잡이가 있는 부분은 적당한 사이즈로 동그랗게 직소기로 자른 뒤 고정한다.
4 틈이 있는 부분은 핸디코트로 막는다.

5 페인트(벤자민무어 네츄라 white dove OC 17)를 2회 칠해준다.
6 각재로 격자문을 만들어서 피스로 박아주고 삼나무 패널로 걸이대로 삼을 부분을 만들어서 붙인다.

7 9자말이 노우즈를 이용해 와이어로 숫자 걸이를 만들어준다.
8 숫자 걸이를 피스로 박아서 고정한다.

인테리어 완성도를 높이는
북유럽풍 조명

인테리어의 완성은 조명이란 말이 있습니다. 벽을 꾸며주고, 커튼을 달아주고, 가구를 리폼해서 새 가구를 만든다 하더라도 기존에 사용하던 조명을 그대로 사용한다면, 인테리어의 완성도가 떨어집니다. 유행하는 스타일의 조명을 선택하여 전체적인 공간 변화를 시도해보았습니다.

사용한 도구 충전드릴, 검정 테이프
사용한 재료 공간조명 보니6등

1장_ 안방

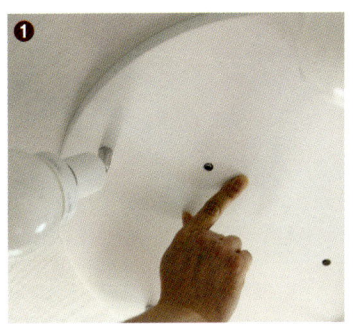

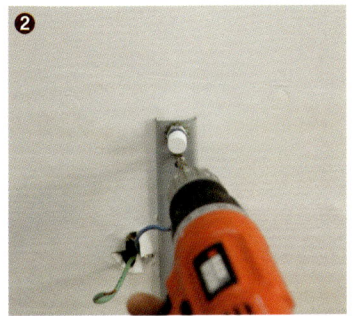

1 기존 조명의 지지대판 나사를 손으로 돌려 풀어준 후 조명을 떼어낸다.
2 일자 지지대판의 나사를 풀고 지지대판을 떼어준다.

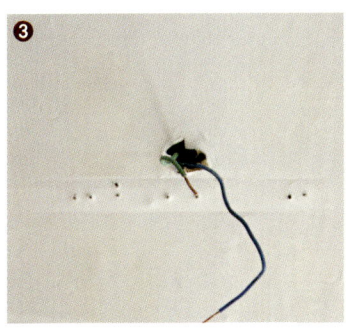

3 전선 두 가닥을 확인한다.
4 교체할 조명의 일자 지지대판을 준비한다.

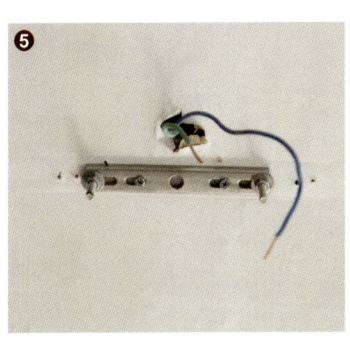

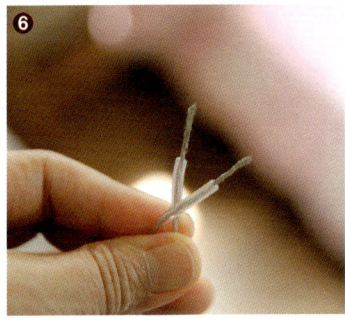

5 천장에 지지대판을 피스로 고정한다.
6 조명에 연결되어 있는 전선을 확인한다.

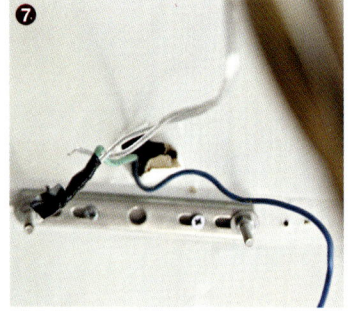
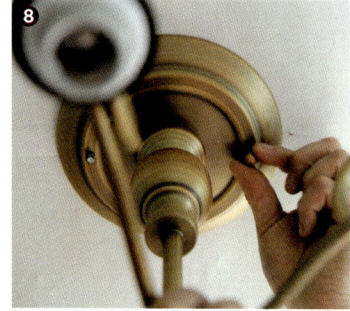

7 천장에서 내려오는 전선과 조명에 연결되는 전선을 서로 연결한다.
TIP 전선을 연결한 후 검정 테이프로 감아줍니다.
8 교체할 조명 몸체를 천장에 달아준 후 양쪽 나사를 돌려 고정한다.

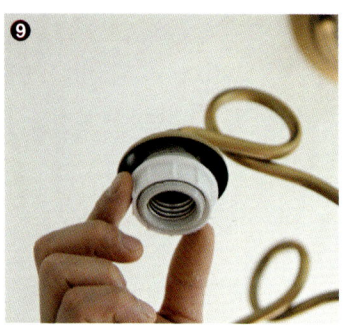
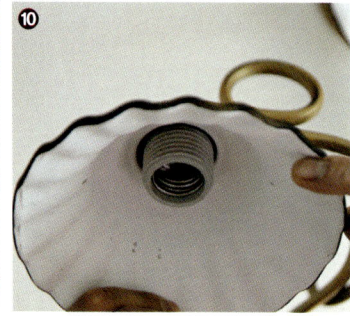

9 전기 소켓을 돌려서 고정한다.
10 전등갓을 살살 돌려서 고정한다.

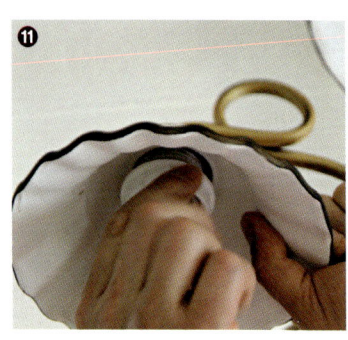

11 전등갓 속으로 전구 소켓을 끼워 돌려서 고정한다.
12 전구를 끼워준다.

TIP 조명 교체작업 전에는 반드시 두꺼비집 스위치를 내려줍니다.

넉넉한 수납공간을 책임지는
레트로풍 수납장

안방의 침대 옆이나 화장대 옆 등 수납공간이 넉넉한 곳에
레트로풍의 수납장을 만들어 배치해보세요.
안방의 분위기에 어울리게끔 수납장의 색상도
내추럴 화이트로 꾸며보았습니다.

사용한 도구 충전드릴, 톱, 클램프, 붓, 스펀지, 사포220방

사용한 재료 페인트인포 조르조 4단 수납장, 제너럴피니쉬 앤틱 글레이즈(반다크 브라운),
페인트(벤자민무어 벤 cloud white 967), 경첩, 우드 손잡이

크기 가로 400mm × 폭 240mm × 높이 750mm

1 조르조 4단 수납장 반제품을 준비한다.
2 옆판에 목공본드를 바른 후, 칸막이를 먼저 세우고 클램프로 고정한다.

3 차례대로 충전드릴을 사용하여 피스 작업을 한다.
4 칸칸이 일정한 간격으로 수납장이 조립되었는지 확인한다.

5 4개의 문짝에 톱질로 슬슬 자국을 낸다.
6 제너럴피니쉬 앤틱 글레이즈(반다크 브라운)를 스펀지에 묻혀 4개의 문짝에 가볍게 칠한다.

7 먼저 문짝 테두리 부분에 경첩을 달아 준다.
8 수납장 몸통 부분에 문짝 경첩을 달아 준다.

9 조립이 완성된 수납장.
10 완성된 수납장에 페인트(벤자민무어 벤 cloud white 967)를 2회 칠해준다.

11 페인팅 건조 후 사포질로 약간의 빈 티지 느낌만 내준다.
12 문짝마다 일정한 위치를 표시한 후 우드 손잡이를 달아준다.

008
내 속 편함이 묻어나는
심플한 거울

거울을 리폼한다는 것은 쉬운 작업이 아닙니다.
그래서 기존에 있던 거울을 해체해서 거울과 뒤판을 남기고
각재를 이용해 새롭게 만들어보았답니다.
새로 산 거울보다 나만의 느낌을 살려서 만든
거울이 더욱 신선해보입니다.

사용한 도구 원형톱, 전기타카, 충전드릴, 스펀지, 목다보용톱

사용한 재료 미송 각재(두께 30㎜×폭 30㎜), MDF합판(가로 540㎜×세로 240㎜),
나왕쫄대(두께 10㎜×폭 10㎜), 스테인(본덱스 수성 스테인 벚나무), 고리, 목다보

크기 가로 600㎜×폭 30㎜×높이 300㎜

1장_ 안방

1 미송 각재를 가로 600㎜, 세로 240㎜ 2개씩, 나왕쫄대는 가로 540㎜, 세로 220㎜가 되게 원형톱으로 절단한 뒤 가 조립한다.

2 아래, 위, 옆부분 모두 안쪽에 나왕쫄대를 박는다. 이때 뒤쪽에 거울과 합판이 들어갈 수 있도록 8㎜ 정도 여분을 두고 박는다.

3 2번 미송 각재 모서리에 드릴로 피스를 2개씩 박아준다.

4 홈이 파진 부분을 목다보로 메워준다.

5 거울 테두리 완성.

6 스테인(본덱스 수성 스테인 벗나무)을 2회 페인팅한다.

7 거울 테두리 뒷면에 거울과 MDF합판(가로 540㎜×세로 240㎜)을 붙이고 고리로 고정한다.

8 예쁜 거울 완성.

009 철제 캐비닛 느낌 나는
우드 캐비닛

느낌이 좋은 철제 캐비닛이 있었으면 했는데,
나무로도 철제 캐비닛 느낌을 낼 수 있답니다.
4개짜리 구멍이 뚫려 있으니 캐비닛 느낌이 확 살아나요.
오래된 빈티지 느낌을 살려주어
나무로 만들어진 우드 캐비닛이 완성되었답니다.

사용한 도구 충전드릴, 사포
사용한 재료 바이지요 우드 캐비닛 2칸, 페인트(벤자민무어 리갈 wythe blue HC 143), 스테인(본덱스 수성 스테인 엔틱 브라운), 엔틱 다리, 초, 열쇠, 자물쇠
크기 가로 310mm×폭 300mm×높이 660mm

1장_ 안방

1 바이지요 미송 합판으로 된 반제품을 고운 사포로 다듬는다.

2 맞춤으로 되어있으니 잘 맞춰서 조립하고 구멍이 뚫린 부분에 피스를 박는다.

3 가운데 부분에 선반을 달기 위해서 미리 연필로 선을 그어놓고 옆에서 피스를 박아준다.

4 바닥에서 피스로 다리를 박는다.

5 2칸 우드 캐비닛 완성.

6 하도색으로 스테인(본덱스 수성 스테인 엔틱 브라운)을 2회 칠해준다.

7 빈티지 기법을 내기 위해서 모서리에 초를 바른다.

8 상도색으로 페인트(벤자민무어 리갈 wythe blue HC 143)를 2회 칠하고 경첩을 달아준다.

TIP 초를 바른 부분은 철자로 긁으면 빈티지 느낌을 멋지게 표현할 수 있습니다.

멋진 콘솔 스타일의 서랍이 달린
원목 테이블

멋진 사선다리와 서랍이 달린 레트로풍의 서랍 테이블입니다.
화장대나 작업 테이블로 준비해서
나만의 개성 있는 가구로 활용할 수 있습니다.

사용한 도구 충전드릴, 붓, 스펀지

사용한 재료 다이야 놀자 내추럴 작업 테이블, 삼나무 집성목
(두께 18mm×가로 920mm×세로 420mm), 목공본드, 스테인(본덱스 오일 스테인 월넛),
페인트(벤자민무어 리갈 white dove OC 17), 주물클래식 손잡이 2개

크기 가로 800mm×폭 400mm×높이 750mm

1장_ 안방

1 테이블 상판과 서랍까지 조립되어 있는 반제품.
2 다리 테두리에 목공본드를 발라준다.

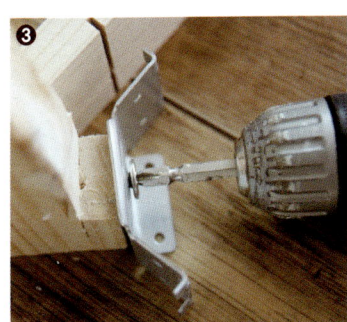

3 다리와 네모 틀의 한쪽 부분을 브라켓으로 연결해주고 피스로 고정한다.
4 다른 쪽 패널에도 한쪽 브라켓을 걸쳐 연결한다.

5 다리 4개를 같은 방법으로 조립하고, 테이블을 세워 수평이 맞는지 확인한다.
6 다리 부분과 틀이 연결되면 상판 서랍 틀 위에 올려준다.

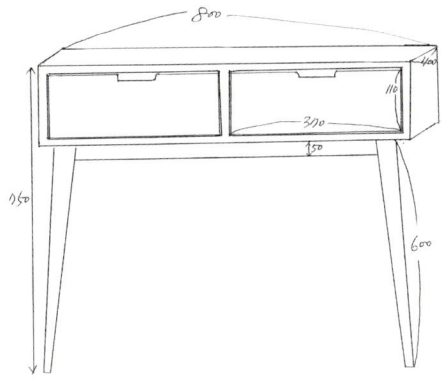

52 • 53

7 브라켓을 이용해 피스로 단단히 고정한다.

8 Z자 철물을 패널 홈에 연결해서 피스로 고정한다.

9 상판 테이블과 다리의 균형이 전체적으로 맞는지 확인한다.

10 테이블 서랍 부분과 다리 부분에 페인트(벤자민무어 리갈 white dove OC 17)를 2회 칠한다.

11 삼나무 집성목(두께 18mm×가로 920mm×세로 420mm)에 스테인(본덱스 오일 스테인 월넛)을 2회 칠한다.

12 테이블 위에 삼나무 집성목 판재를 올려주고 피스 작업으로 고정한다.

TIP 반제품을 조립할때에는 동봉된 설명서를 참고하며, 가구 조립 시 목공본드를 반드시 사용하세요. 실생활에 자주 사용되는 가구는 바니시 마감을 꼭 해주세요.

새로 산 것처럼, 내추럴 느낌으로
장롱 리폼

신혼 때 구입한 10년 이상 된 장롱은 쉽게 바꿀 수 없는 큰 가구입니다. 페인팅 작업이나 패널을 덧대주는 작업으로 새로 산 것처럼 내추럴한 분위기로 리폼하여 재사용하고 있습니다.

before

사용한 도구 전기타카, 드라이버, 롤러, 트레이, 사포220방
사용한 재료 미송 합판(두께 9㎜), 파덱스PL50본드, 페인트(벤자민무어 벤 cloud white 967)
크기 가로 3200㎜ × 세로 2100㎜

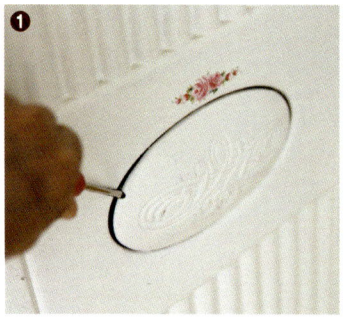

1 장롱 문짝 가운데 타원형의 몰딩은 드라이버나 송곳을 이용해 떼어낸다.

2 스티커 자국은 그대로 두고 튀어나온 타카심을 제거한다.

3 리폼할 장롱 문짝 사이즈에 맞게 미리 절단 신청한 미송 합판을 준비한다.

4 미송 합판에 파덱스PL50본드를 골고루 바른다.

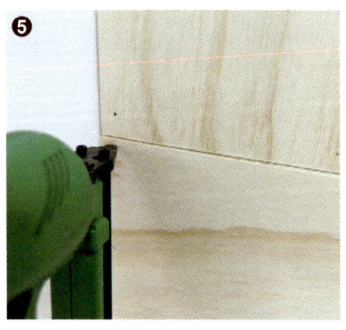

5 문짝에 맞게 미송 합판을 한 장씩 붙여가며 전기타카로 고정한다.

6 장롱 전체에 순서대로 미송 합판을 붙인다.

1장_ 안방

7 미송 합판 붙이기가 완성된 장롱.

8 페인트(벤자민무어 벤 cloud white 967), 롤러, 트레이를 준비해서 장롱 전체에 2회 페인팅한다.

9 페인트가 건조될 때까지 기다린다.

TIP 롤러에 적당량의 페인트를 묻혀서 칠해주세요. 트레이에 비닐봉지를 씌운 다음 페인트를 덜어 사용합니다. 작업이 끝난 후 비닐봉지만 걷어내면, 트레이를 세척할 필요가 없답니다.

10 페인팅 건조 후 사포220방을 사용해 장롱 전체를 평면 샌딩해준다.

11 10년 된 장롱이 내추럴 화이트 장롱으로 변신.

TIP 시트지가 벗겨지지 않는 장롱이라면 벗겨낼 필요 없이 그대로 합판을 붙여주며, 큰 가구이수록 공간과 자연스럽게 어울릴 수 있게끔 심플한 컬러를 선택하는 것이 좋습니다. 손잡이 교체 시 사용하는 피스는 문짝 두께보다 좀 더 여유 있는 길이로 준비해서 사용합니다.

012

샘플 수납까지 완벽한
화장대 수납함

기성품으로 나온 화장대 수납함은 대부분 거울이 있고
뚜껑이 달렸습니다. 그래서 화장품 수납에는 좋지만,
화장품 구입 후 얻어오는 샘플들은 따로 보관하기가 어려웠지요.
키 높이 화장품 수납함을 만들고 아래엔 서랍을 만들어
작은 샘플들까지도 유용하게 수납할 수 있게 되었습니다.

사용한 도구 직소기, 전기타카, 커터칼, 붓

사용한 재료 기존 사용하던 수납박스, 서랍틀용 삼나무 집성목(두께 18mm×가로 365mm ×세로 185mm-2개, 두께 18mm×가로 170mm×세로 120mm-2개, 두께 18mm×가로 365mm× 세로 120mm-1개), 서랍용 삼나무 집성목(두께 18mm×가로 330mm×세로 85mm-2개, 두께 18mm×가로 330mm×세로 110mm-1개), 서랍 밑판용 삼나무 집성목(두께 15mm×가로 330mm×세로 150mm), 목공본드, 손잡이 1개, 검정 명찰꽂이 1개, 페인트(벤자민무어 리갈 white dove OC 17), 영자신문

크기 가로 365mm×폭 185mm×높이 320mm

1장_ 안방

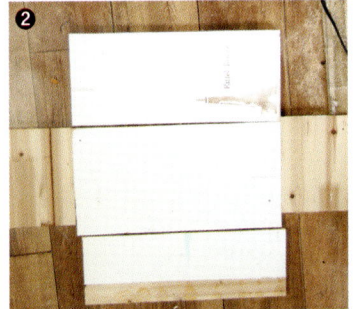

1 사용하던 수납박스와 서랍을 만들 나무, 그리고 서랍틀을 만들 나무를 준비한다.
2 재단한 5개의 판재로 서랍틀을 조립한다.(목공본드, 전기타카 작업)

3 서랍이 완성되면 서랍틀도 조립한다.
4 수납박스, 서랍, 서랍틀에 페인트(벤자민무어 리갈 white dove OC 17)를 2회 칠한다.

TIP 바니시 작업이 필요 없는 벤자민무어 리갈 제품을 사용하면 작업 시간을 좀 더 단축할 수 있어요.

5 페인트 건조 후 커터칼을 이용해 살살 벗겨내듯이 긁어준다.
6 서랍틀 위에 수납박스를 올리고, 수납박스 안쪽에서 피스로 고성한다.

7 손잡이와 명찰꽂이를 달아준다.
8 명찰꽂이 안에 영자신문이나 빈티지 라벨을 끼운다.

모던하면서도 감각적인
레트로 서랍장

레트로 서랍장 느낌이 나는 다리가 너무나도 멋스럽습니다.
레일이 달려서 문을 열고 닫기가 아주 편리하답니다.
반제품이지만 조립할 때 조금 힘들어서 중급 이상의
실력을 가진 분들이 도전하면 좋을 듯합니다.

사용한 도구 충전드릴, 목다보용톱
사용한 재료 다이야 놀자 레트로 서랍장(스프러스 집성목, 삼나무 집성목),
목다보, 목공본드, 페인트(벤자민무어 리갈 white dove OC 17),
바니시(벤자민무어 저광)

크기 가로 800mm×폭 450mm×높이 1000mm

1장_ 안방

1 다이야 놀자 반제품을 구입해 고운 사포로 재료를 다듬는다.

TIP 본체는 스프러스 집성목, 서랍은 삼나무 집성목, 뒤판은 합판으로 구성되어 있습니다.

2 뒤판 홈이 파진 부분에 합판을 끼우고 바닥 모서리부터 피스로 박아준다.

3 옆부분에 레일이 다 달린 반제품 조립을 상판만 빼고 박아준다.

4 서랍을 만드는데 뒷부분과 옆부분의 삼나무 모서리를 만나게 해서 목공본드를 칠하고 타카로 박는다.

5 홈이 파진 바닥 부분에 합판을 끼우고 마지막으로 앞부분을 박아준다.

6 삼나무 향이 솔솔 나는 서랍 완성.

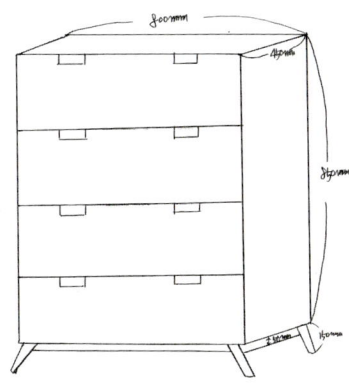
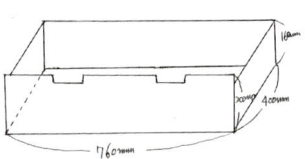

7 바닥에 보조나무를 대고 서랍에 레일을 달아준다.

8 서랍 앞부분에 목공본드를 칠한다.

9 앞부분에 스프러스 집성목을 덧대고 안쪽에서 피스를 박아서 고정한다.

10 7번부터 9번까지 과정대로 서랍 4개를 달아준다.

11 서랍을 다 단 뒤에 마지막으로 상판을 연결하는데, 상판도 바닥처럼 모서리마다 박는다.

12 피스를 박은 부분은 목다보를 박고 목다보용톱으로 절단해서 메워준다.

1장_ 안방

13 레트로 서랍장 본체 완성.
14 다리를 조립한다.

15 연결 브라켓에 피스를 박아서 고정한다.
16 페인트(벤자민무어 리갈 white dove OC 17)를 2회 바르고 바니시(벤자민무어 저광)로 2회 마감처리한다.

TIP 반제품이라서 조립을 잘해야합니다. 특히 레일로 된 서랍장이라서 사용하기에는 편하지만 레일을 달아주는 것이 조금 힘들어요. 한칸 한칸 레일을 달아 쌓아 올리면서 조립을 하면 작업하기 편합니다. 본체 조립이 다 끝나면 다리를 조립해서 피스로 박는데 이때 목공본드를 칠하고 다리를 박아주면 아주 튼튼한 레트로 서랍장이 탄생하지요.

쉐비하면서도 엔틱한
화장대 의자 리폼

결혼기념일에 맞춰서 남편이 선물한 화장대랍니다.
엔틱하면서도 러블리해서 아주 좋아했던 화장대입니다.
기존의 월넛 색상에 싫증이 나서 화이트로 리폼을 시켜줬답니다.
의자는 크랙클을 이용해 갈라진 느낌을 살려줬는데 빈티지 느낌이 너무 좋습니다.

before

사용한 도구 스텐실 붓, 붓, 사포220방
사용한 재료 디노데코 메이플 의자, 페인트(벤자민무어 네츄라 white dove OC 17, deep space 2125-20), 초강력 젯소(벤자민무어), 스텐실 도안, 크랙클

1장_ 안방

1 화장대를 깨끗이 닦고 초강력 젯소(벤자민무어)를 2회 칠한 후 페인트(벤자민무어 네츄라 white dove OC 17)를 2회 칠한다.
2 사포220방으로 모서리를 빈티지하게 마모시킨다.

3 디노데코 메이플 의자에 초강력 젯소를 2회 칠해준다.
4 하도색으로 페인트(벤자민무어 네츄라 deep space 2125-20)를 칠해준다.

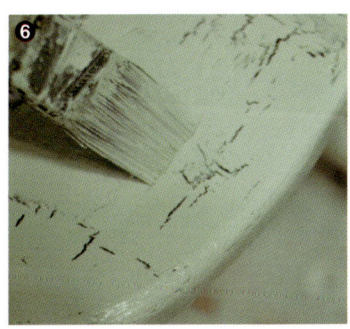

5 페인트가 다 마르면 크랙클을 갈라질 부분에 발라준다.
6 상도색으로 페인트(벤자민무어 네츄라 white dove OC 17)를 2회 이상 칠한다.

7 등받이는 스텐실로 포인트를 준다.
8 모서리는 사포질을 해서 빈티지함을 더 살린다.

TIP 크랙클을 칠하고 충분히 다 마른 (3~4시간) 뒤에 상도색을 칠해줘야 갈라짐이 예쁘게 완성됩니다.

015

은은한 느낌의 삼나무 패널을 사용한

침대 헤드

장롱과 함께 신혼 때 구입한 침대! 시간이 지나 유행에도 뒤떨어지고, 안방 분위기와도 어울리지 않는다면?
편안한 느낌의 원목 패널을 사용하여 내추럴한 공간에 어울리게끔 심플한 화이트 색상의 페인트로 작업을 해보세요.

before

사용한 도구 전기타카, 충전드릴, 붓, 롱노우즈
사용한 재료 미송 각재(가로 30mm×세로 45mm),
삼나무 집성목 패널(두께 9mm×폭 100mm×길이 770mm),
페인트(벤자민무어 벤 cloud white 967), 꺽쇠, 보강 평철, 틴싸인판, 파덱스PL50본드

크기 가로 1620mm×세로 820mm

1장_ 안방

1 미송 각재(가로 30㎜×세로 45㎜)로 침대 헤드 사이즈만큼 틀을 잡아준다.
2 각재와 각재 연결부분에 목공본드를 바른다.

3 연결부분 안쪽에서 꺽쇠로 피스를 고정한다.
4 위쪽에서 보강 평철을 덧대주며 튼튼하게 피스를 고정한다.

5 완성된 틀을 그대로 세워 침대 헤드에 덧대준다.
6 헤드와 틀 사이에 꺽쇠로 피스를 고정한다.

7 삼나무 집성목 패널(두께 9mm×폭 100mm ×길이 770mm)에 파덱스PL50본드를 골고루 바른다.

8 패널을 침대 헤드에 한 장씩 붙이며 전기타카로 고정한다.

9 삼나무 집성목 패널(두께 9mm×폭 100mm ×길이 770mm)이 일정한 간격을 유지하도록 패널 중간에 화투장을 끼워가며 간격을 조절한다.

10 약간의 간격을 두어 삼나무 집성목 패널을 일정하게 붙인 모습.

11 페인트(벤자민무어 벤 cloud white 967)를 패널 전체에 2회 칠한다.

12 페인트는 1회 칠한 뒤 건조하고, 그 위에 1회 더 칠하고 건조하기를 반복한다.

1장_ 안방

13 사포220방으로 전체를 샌딩한다.
14 틴싸인판으로 헤드를 장식한다.

15 컨츄리풍으로 변신한 침대 헤드.

TIP 원목 패널을 사용할 때에는 온도 변화에 의해 원목수축 현상이 일어날 수 있으므로 일정한 간격을 두고 패널을 고정해줍니다. 패널 간격을 맞춰주기 위해선, 간격재나 화투장을 사용합니다.

셀프 인테리어로 꾸미는
붙박이장과 장롱 리폼

안방을 셀프 인테리어로 꾸미다 보니 손댈 곳이 한두 군데가 아닙니다.
또한 좁은 평수로 수납이 늘 부족하기만 하여,
벽과 장롱 틈새를 활용하여 붙박이장을 만들기로 했어요.
안방 분위기와 어울리게끔 붙박이장에는 패널 문을 만들어주고,
꽃무늬시트지가 붙어 있는 장롱에도 패널을 덧대어
컨츄리 느낌으로 장롱을 리폼했습니다.

before

사용한 도구 충전드릴, 전기타카, 직소기, 롱노우즈, 건타카
사용한 재료 각재(두께 25㎜×폭 40㎜), 미송 합판 패널(두께 4.8㎜×폭 100㎜,
두께 9㎜×폭 100㎜), 목공본드, 손잡이, 경첩, 페인트(벤자민무어 벤 cloud white 967),
목봉

1장_ 안방

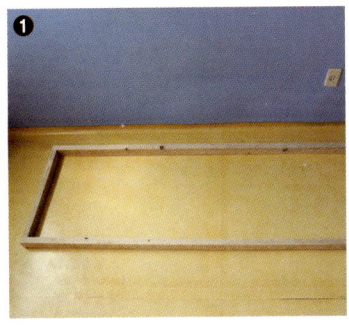
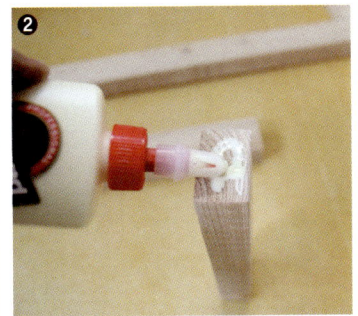

1 각재(두께 25mm×폭 40mm)로 천장과 장롱 사이의 틈새, 벽과 장롱 사이의 틈새에 맞는 네모난 틀을 가조립한다.
2 나무와 나무의 연결부분에 목공본드를 발라준다.

3 각재(두께 25mm×폭 40mm) 두께보다 0.8배 정도 긴 피스를 사용하여 튼튼하게 고정한다.
4 조립한 틀을 천장과 장롱 사이, 벽과 장롱 사이에 끼워 맞추고 피스로 고정해 준다.

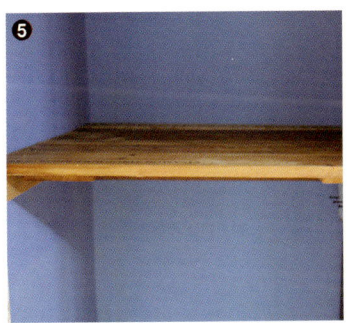

5 벽과 장롱 벽에 패널로 지지대를 달아준 후 선반이 될 만한 나무를 얹어준다.
6 선반 아래로 양철 손잡이를 지지걸이로 달아준 다음, 목봉을 끼운다.

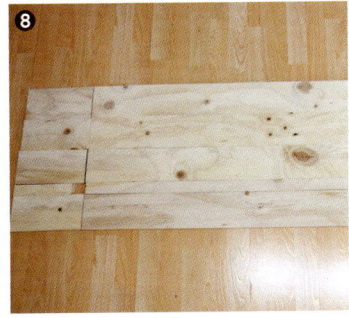

7 틀과 선반 작업, 목봉 작업을 끝낸 후 붙박이장 문짝을 만들 준비를 한다.
8 미송 합판 패널(두께 9mm×폭 100mm)을 준비해서 아래 붙박이장 문짝만큼 가조립한다.

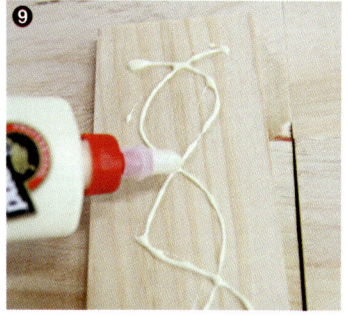

9 미송 합판 패널(두께 9mm×폭 100mm)에 목공본드를 발라준다.

10 문짝 위와 아랫부분에 세로 방향으로 패널을 덧대고 전기타카로 고정한다.

11 조립한 문짝을 세워서 튼튼하게 조립되었는지 확인한다.

12 천장 쪽 붙박이 문짝을 만들 틀을 각재(두께 25mm×폭 40mm)로 틀을 잡아주어 피스로 고정한다.

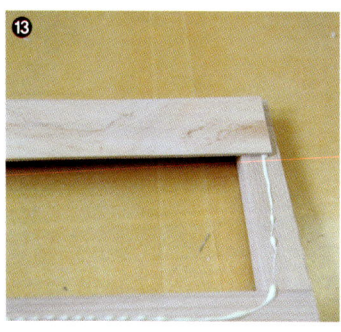

13 네모난 틀 위에 목공본드를 바른 후, 미송 합판 패널(두께 4.8mm×폭 100mm)을 붙여준다.

14 건타카로 패널을 고정한다.

15 페인트(벤자민무어 벤 cloud white 967)를 마른 붓을 사용하여 2회 칠한다.

TIP 붙박이장 전체에 똑같은 방법으로 페인팅해줍니다.

16 문짝에 손잡이를 부착한 후 붙박이장에 고정한다.

1장_ 안방

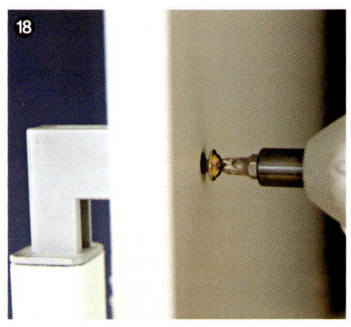

17 조립한 패널문을 붙박이장에 달아준다.

18 장롱에 패널 붙이기 준비 작업으로 문짝의 손잡이를 분리한다.

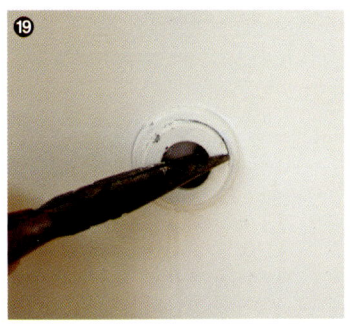
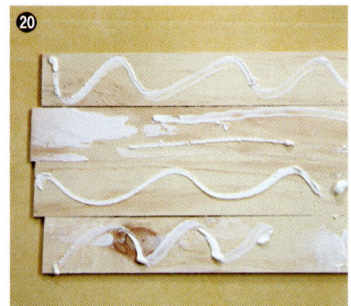

19 롱노우즈를 이용해서 장롱의 불필요한 고리들을 제거한다.

20 미송 합판 패널(두께 4.8mm×폭 100mm)에 목공본드를 골고루 발라준다.

21 문짝의 사방 가장자리 부분에 미송 합판 패널(두께 4.8mm×폭 100mm)을 둘러준 후, 타카 작업으로 고정한다.

22 안쪽을 메우듯 미송 합판 패널(두께 4.8mm×폭 100mm)을 차례로 덧대가며 타카 작업으로 고정한다.

23 페인트를 마른 붓에 묻혀 2회 칠한다.

24 빈티지 느낌의 장롱 손잡이를 달아준다.

안방의 분위기를 멋스럽게 살린
액자 소품

리폼하고 남은 자투리 나무는 소소한 생활 소품 만들기에
훌륭한 재료로 사용됩니다. 공간 속 분위기를 살려주는 북유럽풍 액자로,
작은 소품 속에 북유럽 느낌을 담아내어
안방의 분위기를 멋스럽게 살려보았습니다.

사용한 도구 톱, 사포220방, 딱풀
사용한 재료 삼나무 패널(가로 120㎜×폭 18㎜×높이 180㎜-3개), 빈티지라벨

1장_ 안방

1 컬러 프린터로 빈티지라벨을 출력한다.
2 삼나무 패널(가로 120mm×폭 18mm×높이 180mm—3개)을 액자 사이즈에 맞게 톱질해서 준비한다.

3 톱질로 거칠어진 나무 테두리는 사포 220방으로 가볍게 샌딩해준다.
4 미리 출력해둔 라벨지 뒷면에 딱풀을 골고루 바른다.

5 라벨을 삼나무 판재에 붙인다.
TIP 자투리 나무를 이용한 초간단 소품 만들기입니다.

TIP 인쇄한 라벨지가 없을 경우엔 유사한 느낌의 원단을 사용해주어도 됩니다.

빈티지함을 살린
심플 서랍장

반제품이기 때문에 작업 과정만 잘 숙지한다면 만들기 쉬운 서랍장입니다.
선반마다 예쁜 소품을 데코하기에 아주 좋아요.
톱질과 초로 빈티지함을 살려서 단조로움을 피해주는 효과가 있답니다.
조그만 크기라서 어느 곳에도 데코하기 좋습니다.

사용한 도구 충전드릴, 전기타카, 멀티2프로, 사포220방, 스펀지
사용한 재료 다이야 놀자 토로레 선반 수납함(삼나무 집성목), 페인트(벤자민무어 네츄라 white dove OC 17), 스테인(본덱스 수성 스테인 엔틱 브라운), 목공본드
크기 가로 280mm × 폭 300mm × 높이 250mm

1장_ 안방

1 다이야 놀자 반제품을 사포220방으로 다듬는다.
2 가조립으로 먼저 서랍을 만든다.

3 나무를 이을 곳에 목공본드를 칠한다.
4 두 개의 나무를 겹쳐 타카로 박는다.
TIP 타카가 없으면 망치로 못을 박아 줍니다.

5 중간에 선반을 박아주니 조립 완성.
6 빈티지 느낌을 내기 위해서 톱으로 적당한 곳에 흠집을 내준다.

7 하도색으로 스테인(본덱스 수성 스테인 엔틱 브라운)을 스펀지에 묻혀서 발라준다.
8 페인트(벤자민무어 네츄라 white dove OC 17)를 2회 발라준다.
TIP 페인트칠을 하고 나면 초를 어느 곳에 발랐는지 잘 모른답니다. 그래서 초를 칠한 부분은 되도록 얇게 페인팅해서 구분해주면 나중에 벗겨낼 때 금세 벗겨진답니다.

북유럽 느낌을 살리기 위한
내추럴 원목선반

리폼을 하다 보면 선반 정도는 손수 만들게 됩니다.
기존 선반은 ㄱ자 형태의 철제형 다리나 원목다리를 만들어 지지대를 사용해주었다면,
벽으로 밀착하는 형태의 다리를 만들어 북유럽 느낌의 심플형 선반을 완성했습니다.

사용한 도구 건타카, 클램프, 충전드릴, 스펀지

사용한 재료 삼나무 집성목(두께 18mm×폭 120mm×길이 1130mm-1개,
두께 18mm×폭 50mm×길이 100mm-2개, 두께 18mm×폭 35mm×길이 1030mm-1개),
목공본드, 스테인(본덱스 오일 스테인 벚나무), ㄱ자 보강 평철, 액자 고리

크기 가로 1130mm×폭 120mm×높이 120mm

1장_ 안방

1 삼나무 집성목(두께 18mm)을 선반 만들 길이로 재단해서 준비한다.
2 스펀지에 적당량의 스테인(본덱스 오일 스테인 벗나무)을 묻혀 나무에 꼼꼼하게 1회 칠한다.

3 선반 중간 지지대 패널(두께 18mm×폭 35mm×길이 1030mm)에 목공본드를 발라준다.
4 지지대 역할을 해줄 패널에 작은 패널(두께 18mm×폭 50mm×길이 100mm)을 ㄱ자 형태로 붙여주고, 건타카로 고정한다.

5 앞부분에 ㄱ자 보강 평철로 다시 한 번 고정한다.
6 지지대 패널 위에 선반으로 사용할 패널(두께 18mm×폭 120mm×길이 1130mm)을 얹어주듯 덧댄다.

7 뒤편에서 연결부분을 피스로 고정해 준다.
8 액자 고리를 달아주면 완성.

TIP 선반 조립 전에, 스테인을 먼저 칠하면 작업이 수월해집니다.

2장

아이 방

러블리하면서도 깔끔하게 꾸민 딸 방 vs 삼나무향이 솔솔 나는 아들 방

딸 방은 장롱을 직접 만들고 기존 것을 리폼하기도 하여 큰 변화를 주었습니다. 삼나무로 만든 책상은 널찍해서 딸아이가 아주 좋아하는 공간이기도 합니다. 꿈과 미래를 만들어가는 곳이 되었으면 하는 바람으로 꾸민 방입니다.

아들 방은 삼나무 루바와 삼나무 판재로 만든 가구들이 있어서 편안한 휴식처라고 할 수 있습니다. 감성이 풍부한 아들에게 집중력을 키워주는 공간으로 만들었답니다.

집중력을 키워주는
딸 방 벽 꾸미기

아이들 공부방은 집중력을 키워주는 게 중요해서
칸막이를 문처럼 만들어서 달아주었습니다.
삼나무로 달아주니 삼림욕하는 효과가 있고,
집중력도 높아져서 아이들에게 아주 좋은 공부방이 됩니다.

before

사용한 도구 원형톱, 충전드릴, 망치, 못
사용한 재료 미송 합판 패널(두께 4.8㎜×폭 100㎜),
미송 각재(두께 40㎜×폭 40㎜), 삼나무 패널(두께 12㎜×폭 150㎜),
스테인(본덱스 수성 스테인 오크), 경첩

2장_ 아이 방(딸 방)

1 미송 각재(두께 40mm×폭 40mm)로 지지대를 만들어 피스로 박아준다.
2 1번의 지지대 위에 미송 합판 패널(두께 4.8mm×폭 100mm)을 못으로 박아준다.

3 망치를 이용해 탁탁 치면서 깔끔하게 박아준다.
4 벽면 창문을 전체적으로 막아준다.

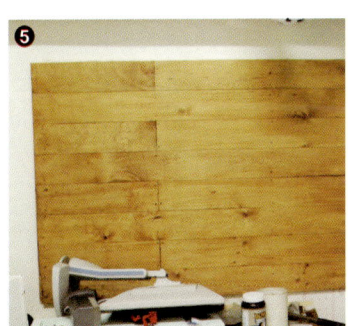

5 스테인(본덱스 수성 스테인 오크)을 2회 칠한다.
6 칸막이처럼 만들기 위해서 삼나무 패널(두께 12mm×폭 150mm)로 문을 만들어 경첩으로 달아준다.

7 앞부분에 삼나무 패널로 조그만 사각 선반을 만들어 붙인다.

TIP 기존에 있던 창문을 막기 위해서는 미송 각재로 지지대를 만들어주는 것이 중요한데 미송 각재를 벽에 박기 위해서는 피스를 80mm 정도로 박아주면 잘 박힌답니다.

깔끔하고 깨끗하게
핸디코트로 벽 마감하기

기존의 벽지 위에 핸디코트로 마감하는 것이 작업도 쉽고 편리하답니다.
벽지 종류가 어떤 것이든 상관없이 핸디코트를 헤라로 덧발라주세요.
핸디코트로 마감한 뒤 하루 정도 지나면 굳게 됩니다.
핸디코트를 그대로 두면 먼지가 쌓여서 청소하기 힘드니 꼭 페인트로 도장해주세요.
화이트로 마감하여 깔끔하고 깨끗한 딸 방 벽을 완성했어요.
벽이 깔끔하면 집중력도 더 높아진답니다.

before

사용한 도구 고무헤라
사용한 재료 핸디코트(라이트) 15kg, 페인트(벤자민무어 네츄라 white dove OC 17)

2장_ 아이 방(딸 방)

1 벽지 위에 고무헤라로 핸디코트를 人 자를 만들어가면서 펴 바른다.
2 잘 마르지 않을 때에는 선풍기를 틀어 놓으면 바로 마른다.

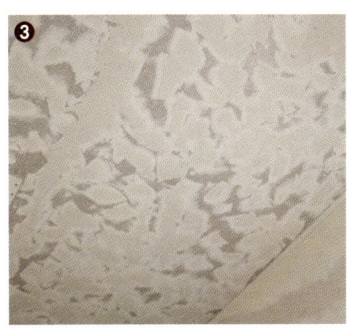 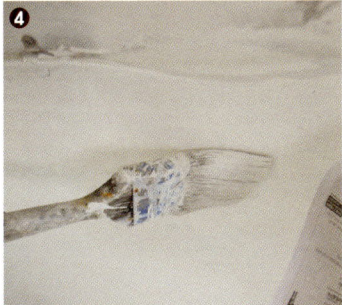

3 천장은 듬성듬성 발라준다.
TIP 높은 곳이라서 사다리를 타고 올라가서 발라줘야 해요.
4 전체적으로 페인트(벤자민무어 네츄라 white dove OC 17)를 2회 칠해준다.

5 천장에도 페인트를 2회 칠해준다.
6 화이트로 더욱 깔끔해진 딸 방 완성.

시골 농가의 현관문을 닮은
딸아이 방문

어린 시절 늘 동경하던 것 중 하나가
내 방과 넓은 창이 달린 방문이 있었으면 하는 것이었어요.
자라면서 이루지 못한 그 꿈을 딸아이에게 만들어주며
엄마는 대리 만족을 하고 있답니다.
시골 작은 농가의 현관문을 닮은 방문은
딸아이에게 무한한 상상력을 키워줍니다.

사용한 도구 충전드릴, 직소기, 전기타카, 보링비트, 끌, 니퍼, 연필, 스펀지, 붓, 실리콘건

사용한 재료 손잡이닷컴 무늬유리(레인), 투명 실리콘, 파덱스PL50본드, 메꿈이, 스테인(벤자민무어 반투명 스테인 아보코트 oxford brown 70), 페인트(벤자민무어 리갈 iced green 673, cloud white 967), 미송 집성목(두께 4.8mm×폭 100mm×길이 1800mm-16개), 창문 테두리(앞쪽)-미송 집성목 패널(두께 15mm×폭 40mm×길이 545mm-2개, 폭 40mm×길이 655mm-2개, 폭 20mm×길이 545mm-2개, 폭 20mm×길이 595mm-2개, 패널(뒤쪽)-두께 15mm×폭 40mm×길이 690mm-2개, 폭 40mm×길이 580mm-2개, 폭 20mm×길이 580mm-2개, 폭 20mm×길이 640mm-2개), 창문테두리 폭 좁은 쫄대(두께 15mm×길이 575mm-2개, 두께 15mm×길이 580mm-2개)

크기 유리창-가로 530mm×세로 655mm, 방문-가로 830mm×세로 2030mm

before

2장_ 아이 방(딸 방)

1 방문에 붙어 있는 패널을 끌과 니퍼를 이용해서 제거한다.

2 방문 경첩 피스를 풀어 방문을 떼어낸다.

3 방문을 바닥에 눕혀놓고, 만들어줄 유리창 크기만큼 연필선을 표시해준다.

4 보링비트를 충전드릴에 끼워, 표시한 사각 모서리 부분에 구멍을 내준다.
TIP 방문 앞판과 뒤판까지 구멍이 같이 나도록 뚫어줍니다.

5 뚫어진 구멍 사이로 직소기 칼날을 넣고 표시된 연필선을 따라 절단한다.

6 문짝 폭 사이즈와 동일하게 재단한 패널을 ㄱ자 모양으로 연결하기 위해 목공본드를 발라준다.

7 타카 작업으로 튼튼하게 고정한다.

8 두 개는 이음새를 맞게 작업하고, 두 개는 약간의 폭을 남겨두고 작업한다.

9 창문틀에 ㄱ자 모양의 패널을 맞물리게 끼워준다.

10 타카로 고정해준다.

11 방문을 뒤집어준 후 창틀 안쪽에 패널을 먼저 덧댄다.

12 그다음 위쪽에 패널을 덧대준다.

TIP 뒤쪽도 앞쪽과 마찬가지로 ㄱ자 패널을 만들어서 끼워야 하지만, 패널을 하나씩 끼우며 작업했습니다.

13 문을 세워서 방문 안쪽과 바깥쪽 모습을 확인한다.(보이는 사진은 방문 안쪽)

14 문을 바닥에 눕혀놓고 미송 집성목(두께 4.8mm×폭 100mm)을 창틀 주변부터 붙여준다.

15 창틀 주변 패널 작업이 끝나면 아래쪽 부분에 미송 패널(두께 4.8mm×폭 100mm)을 붙여준다.

16 목공본드와 타카 작업으로 문 크기에 맞게 미송 패널을 붙여나간다.

17 창틀의 타카심 자국은 메꿈이 작업으로 깔끔하게 정리한다.

18 창틀과 문짝 전체에 스테인(벤자민무어 반투명 스테인 아보코트 oxford brown 70)을 스펀지에 묻혀 1회 칠한다.

2장_ 아이 방(딸 방)

19 스테인 건조 후 페인트(벤자민무어 리갈 iced green 673)를 2회 칠한다.

20 아이 방에 어울리는 우드 오너먼트를 방문 앞에 붙여준다.

21 방문 안쪽에 피스를 이용해서 손잡이를 부착한다.

22 유리창을 끼우기 전의 방문 완성.

23 유리창을 끼우기 위해 폭이 좁은 쫄대와 투명 실리콘을 준비한다.

24 투명 실리콘을 방문 안쪽 창틀 홈에 균일하게 둘러준다.

25 두께감이 있는 유리를 창틀에 끼워준다.

26 유리 윗부분 테두리에 투명 실리콘을 한 번 더 두르고 폭이 좁은 쫄대를 덧댄다.

27 쫄대를 고정하기 위해 전기타카 작업을 한다.

023

러블리하면서 여성스러운
딸방등

🌼 루시6등은 쉐비풍의 여성스러운 등이랍니다.
크리스탈 방울이 있어서 더욱 러블리합니다.
천장과 잘 어울리는 루시6등은 포인트가 있는 딸 방을 탄생시킨답니다.

사용한 도구 충전드릴, 펜치, 검정 테이프
사용한 재료 공간조명 루시6등, 삼목 루바(두께 10㎜×폭 100㎜)

2장_ 아이 방(딸 방)

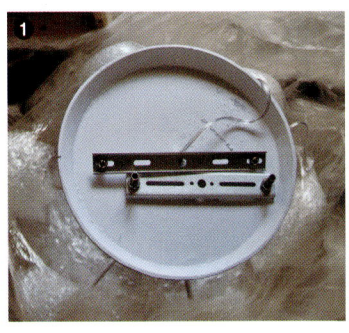

1 공간조명 루시6등을 분해해서 지지대를 분리한다.

2 삼목 루바(두께 10mm×폭 100mm)를 가운데 전선줄이 나올 구멍을 만들어주고, 드릴로 천장에 박는다.

3 지지대 가운데 구멍으로 전선을 빼주고 지지대를 피스로 고정한다.

4 루시6등과 전선을 펜치로 연결하고 검정 테이프로 감아준다.

5 루시6등을 지지대와 연결해준다.

6 갓과 전구를 끼워준다.

7 루시6등으로 분위기가 달라 보인다.

8 크리스탈 방울을 달면 루시6등 완성.

024

삼나무 향 솔솔 풍기는
딸 방 책상

나무 상판으로 된 딸 방 책상은 오크색과 화이트의 어우러짐이 돋보이는 책상이랍니다.
상판 크기도 길어서 책상을 다용도로 활용할 수 있습니다.

사용한 도구 드릴
사용한 재료 파파나무 DIY 쓰임새 테이블, 스테인(데프트 우드 스테인 미듐오크), 페인트(벤자민무어 네츄라 white dove OC 17), 바니시(벤자민무어 저광)

크기 가로 1700mm × 폭 650mm × 높이 735mm

2장_ 아이 방(딸 방)

1 가로 1700㎜×높이 735㎜×폭 650㎜ 크기의 쓰임새 테이블 반제품을 고운 사포로 표면을 다듬는다.
2 상판에 스테인(데프트 우드 스테인 미듐오크)을 2회 칠한다.

3 스테인이 굳으면 바니시(벤자민무어 저광)를 2회 칠한다.
4 다리에 페인트(벤자민무어 네츄라 white dove OC 17)를 2회 칠해준다.

5 다리 2개를 페인팅한 후 바니시(벤자민무어 저광)를 2회 칠해준다.
6 다리와 상판을 피스로 연결해준다.

다용도로 활용 가능한
책장

짜임으로 된 6칸의 책장으로 이것저것 활용이 가능합니다.
아랫부분에는 구멍으로 손잡이를 뚫어놓고
지저분한 것들을 수납할 수 있답니다.
책이나 소품들을 정리할 수 있으니 다용도로 사용이 가능합니다.

사용한 도구 충전드릴, 건타카, 고운 사포
사용한 재료 다이야 놀자 레트로 책장, 목공본드,
스테인(벤자민무어 불투명 스테인 아보코트 white dove OC 17), 바니시(벤자민무어 저광)
크기 가로 830㎜ × 폭 300㎜ × 높이 1000㎜

2장_ 아이 방(딸 방)

1 반제품으로 된 레트로 책장을 고운 사포로 다듬고 짜임식으로 된 책장을 연결한다.
2 가운데 부분 완성.

3 테두리를 박아주면 몸체가 완성된다.
4 뒷면 아래쪽은 건타카로 박아준다.

5 뒷면 위쪽은 책이 뒤로 넘어가지 않도록 삼나무 패널로 박는다.
6 싱크대 경첩으로 문을 달아준다.

7 스테인(벤자민무어 불투명 스테인 아보코트 white dove OC 17)을 2회 칠한다.
8 바니시(벤자민무어 저광)로 두 번 마감해준다.

라벨지를 이용한 스칸디나비아 스타일의
필통

빈티지 라벨을 이용해 만든 북유럽풍 스칸디나비아 스타일의 필통입니다.
필통 라벨에는 자주 보던 문구가 새겨져 있는데
'평정심을 유지하며 하던 일을 계속 하라'는 의미입니다.
세계 2차 대전이 시작되던 1939년 나치의 영국침공에 국민들을 안심시키려는
처칠 수상의 고뇌가 담긴 메시지형 포스트 문구라고 합니다.
영국 정보부에 의해 제작된 포스터 슬로건 중 가장 유명한 문구로
오랜 시간 동안 공개되지 않다가 2000년도 영국의 헌 책방에서 발견된 이후,
전 세계적으로 큰 인기를 끌고 있다 합니다.

사용한 도구 망치, 못, 붓, 스펀지, 사포220방.
사용한 재료 애플컨츄리 삼나무 필통 2개,
스테인(벤자민무어 반투명 스테인 아보코트 oxford brown 70),
애플컨츄리 마더스빈티지 물감(하와이안 블루, 머스터드),
북유럽 라벨(루시 다이아몬드 제작)
크기 가로 100mm×세로 100mm

2장_ 아이 방(딸 방)

1 북유럽 라벨 필통 만들기 재료를 준비한다.
2 삼나무 필통 하도색으로 스테인(벤자민 무어 반투명 스테인 아보코트 oxford brown 70)을 스펀지를 이용해 칠한다.

3 스테인을 건조한다.
4 상도색으로 애플컨츄리 마더스빈티지 물감(하와이안 블루, 머스터드)을 2회 칠한다.

5 물감 건조 후 사포220방으로 필통 테두리 부분을 샌딩한다.
6 아이의 취향에 맞게 다양한 컬러를 선택하여 색을 입힌다.

7 북유럽 라벨(루시 다이아몬드 제작)을 필통에 붙이고, 못 장식을 해준다.
8 다양한 라벨과 길러 물감을 사용하여 삼나무 필통 완성.

붙박이장 가벽

작업하기 편리한

미송 각재로 뼈대를 만들어 미송 루바로 가벽을 막아줍니다.
윗부분은 합판으로 마감하고, 문 대신 커튼으로 붙박이장을 만들어줍니다.
루바로 벽을 막아주니 작업하기가 편리하고 마감도 아주 잘 됩니다.
잘 사용하지 않는 물건이나 집안의 지저분한 것들을 넣어서 가려주니
다용도로 활용이 가능한 붙박이장이랍니다.

사용한 도구 원형톱, 전기타카, 충전드릴, 사포220방, 핸디코트, 고무헤라, 붓, 망치

사용한 재료 미송 각재(두께 40mm×폭 40mm), 합판, 미송 루바(두께 10mm×폭 100mm), 바니시(벤자민무어 저광), 파파나무 드림키즈 세트, 페인트(벤자민무어 네츄라 white dove OC 17)

크기 가로 1700mm×폭 900mm×높이 1500mm

2장_ 아이 방(아들 방)

1 미송 각재를 가로 1700mm×폭 900mm×높이 1500mm가 되게 원형톱으로 절단해놓는다.

2 미송 각재를 드릴로 박아준다.

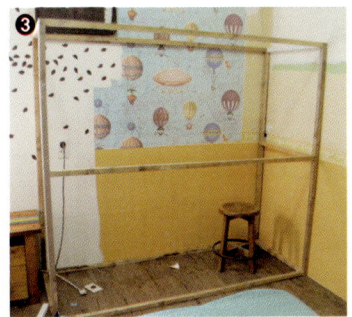

3 2번의 각재를 방안으로 가지고 와서 철제피스로 벽에 박는다.

4 위쪽에 합판을 올린 뒤에 박아준다.

5 앞부분은 미송 루바(두께 10mm×폭 100mm)를 타카로 박아준다.

6 망치로 튀어나온 타카 호칭을 박고 사포 220방으로 다듬어준다.

7 붙박이장 가벽이 완성되면 옆에 파파나무 드림키즈 세트 반제품을 설치한 뒤에 바니시(벤자민무어 저광)를 칠해준다.

8 벽은 핸디코트를 바른 뒤에 다 마르면 페인트(벤자민무어 네츄라 white dove OC 17)를 1회 칠해준다.

삼림욕 효과가 있는
아들 방 벽 꾸미기

미송 각재로 지지대를 박고 그 위에 삼목 루바를 박아서
삼나무 향이 솔솔 풍깁니다.
피톤치드가 나와서 삼림욕을 할 수 있고
아주 향기로운 남자아이 방으로 탄생합니다.

사용한 도구 원형톱, 직소기, 전기타카, 충전드릴
사용한 재료 삼목 루바(두께 10㎜×폭 100㎜), 합판(두께 12㎜),
미송 각재(두께 30㎜×폭 30㎜), 스테인(본덱스 수성 스테인 오크)

크기 가로 1700㎜×세로 1500㎜

2장_ 아이 방(아들 방)

1 통유리로 된 창문을 닦는다.
2 루바를 박기 위해서 유리창 테두리에 미송 각재(두께 30㎜×폭 30㎜)로 지지대를 만들어준다.

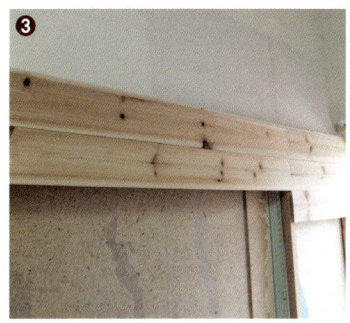

3 각재 위에 삼목 루바(두께 10㎜×폭 100㎜)를 한 칸씩 끼워주고, 각목이 있는 부분을 타카로 고정한다.
4 유리창이 달린 벽면을 전체적으로 다 박아준다.

5 합판(두께 12㎜)은 직소기로 절단해준다.
6 합판으로 선반을 만들고 목공본드를 칠해 피스로 고정한다.

7 삼목 루바와 합판은 스테인(본덱스 수성 스테인 오크)을 2회 정도 칠해준다.
8 삼목 루바로 삼림욕하는 방 완성.

밋밋한 느낌에서 내추럴한 느낌으로
원목 상판 책상

책상은 집중력을 높이고 눈의 피로도 줄이기 위해 내추럴 느낌의 원목 상판을 선택했습니다. 뽀얀 나뭇결이 그대로 도드라지도록 자연스런 색상의 스테인으로 색을 입혀주었습니다.

before

사용한 도구 스펀지, 플라스틱 용기

사용한 재료 스프러스 집성목(두께 25mm×가로 1530mm×세로 560mm−1장), 스테인(트루톤 내추럴 우드 스테인 다크월넛)

2장_ 아이 방(아들 방)

1 스프러스 집성목(두께 25mm×가로 1530mm ×세로 560mm)을 절단 주문한다.
2 스테인(트루톤 내추럴 우드 스테인 다크월넛)을 플라스틱 용기에 덜어준다.

3 나무에 스테인을 3회 칠해준다.
4 상판 테두리 부분에도 칠해준다.

5 기존 상판을 들어내고, 스프러스 집성목 상판을 책장과 책상 위에 걸치듯 올린다.
6 상판이 움직이지 않도록 벽 쪽으로 밀어 붙여준다.

수납이 가능한
행거

서랍이 달린 행거라서 다용도로 수납이 가능하고
긴 옷까지 걸 수 있는 롱다리 행거랍니다.
삼나무로 만들어서 아이들 방에 아주 좋답니다.

사용한 도구 드릴, 사포220방, 스펀지
사용한 재료 다이야 놀자 서랍 행거장, 페인트(벤자민무어 네츄라 white dove OC 17), 스테인(본덱스 수성 스테인 벗나무), 목공본드

크기 가로 800mm × 폭 350mm × 높이 1600mm

2장_ 아이 방(아들 방)

1 다이야 놀자 서랍 행거장 반제품을 사포220방으로 다듬는다.
2 길이 1600mm 행거의 A자 다리를 조립한다.

3 페인트(벤자민무어 네츄라 white dove OC 17)를 2회 칠한다.
4 목봉은 스테인(본덱스 수성 스테인 벗나무)을 스펀지로 2회 페인팅한다.

5 페인팅이 다 된 다리를 서랍장에 피스로 달아준다.
6 목봉 행거를 끼운 후 행거 지붕을 올려주고 피스로 박는다.

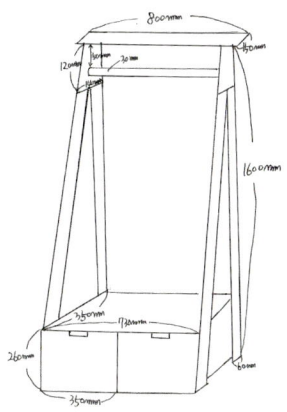

031

유럽 향기가 나는
학생 의자

파란색은 그리스 산토리니 향기를 담은 색상입니다.
학생들이 바다처럼 넓고 깊게 꿈꾸기를 바라는 마음이 담긴 의자랍니다.

사용한 도구 충전드릴, 사포220방
사용한 재료 필웰 네이쳐 원목 DIY 등받이의자, 페인트(벤자민무어 네츄라 brilliant blue 2065-30), 목공본드
크기 가로 380mm × 폭 418mm × 높이 831mm

2장_ 아이 방(아들 방)

1 반제품으로 된 필웰 원목 의자를 사포 220방으로 다듬는다.

2 등받이로 된 부분을 바닥에 놓고 목공본드를 바른 뒤 연결부분부터 박아준다.

3 중간 연결된 부분에 목공본드를 바르고 앞부분을 박는다.

4 의자 본체가 조립이 다 되면 목공본드를 바른 뒤 상판을 박아준다.

5 전체적으로 조립이 다 된 모습.

6 페인트(벤자민무어 네츄라 brilliant blue 2065-30)를 2회 칠해준다.

> **TIP**
> 반제품이라서 조립이 아주 중요합니다. 등 부분과 앞부분의 다리를 연결할때 중간 연결부분을 연결하는게 중요해요. 바닥에 등판을 놓고 앞부분 다리와 중간 연결부분을 누군가가 잡아준다면 편리하겠지만, 그렇지 않은 경우에는 왼손으로 중간 연결부분을 꽉 잡고 오른손으로는 드릴로 피스를 박아주어야 합니다. 중급 이상 실력을 가졌다면 반제품을 피스로 연결한 뒤 홈이 난 피스 박은 그 부분을 목다보로 막아주시면 아주 깔끔하답니다.

032

수납하기 아주 좋은
트렁크장

❋ 의자 사이즈에 딱 맞게 맞춤으로 만든 트렁크장은 철이 지난 옷들을 담아두는 수납장으로 활용합니다. 바퀴가 있다면 트렁크장을 넣고 빼기가 아주 좋답니다.

사용한 도구 원형톱, 충전드릴, 전기타카, 스텐실 붓

사용한 재료 삼나무 집성목 패널(두께 15mm×폭 150mm), 미송 각재(두께 30mm×폭 30mm), 목공본드, 스테인(본덱스 스테인 오크), 스텐실 도안, 손잡이, 가방 걸고리, 경첩

크기 가로 680mm×폭 320mm×높이 340mm

2장_ 아이 방(아들 방)

1 삼나무 집성목 패널(두께 15mm×폭 150mm)은 680mm, 300mm로, 미송 각재(30mm×30mm)는 30mm 길이로 절단한다.

2 우선 옆부분으로 미송 각재가 지지대가 되게 바닥에 놓고, 그 위에 삼나무 집성목 패널을 박는다.

3 목공본드를 칠하고 타카로 고정한다.

4 완성된 옆부분을 양쪽에 놓고 앞부분을 3번과 같은 방법으로 박아준다.

5 680mm×320mm 크기로 뚜껑을 만들어서 경첩을 박는다.

6 트렁크 느낌이 나게 뚜껑과 앞부분에 미송 각재를 덧대준다.

7 스테인(본덱스 스테인 오크)을 2회 페인팅하고, 스텐실 도안을 대고 붓으로 톡톡 도안을 새긴다.

8 손잡이와 가방 걸고리를 달아준다.

삼나무를 그대로 느낄 수 있는
A4용지함

내추럴한 삼나무를 그대로 느낄 수 있는 A4용지함으로
아이들이 인쇄할 때 사용하는 A4용지를 담아두면 편리합니다.
하나씩 포개서 쌓아두니 공간 활용에도 아주 좋답니다.

사용한 도구 원형톱, 직소기, 전기타카, 망치, 못, 연필, 딱풀

사용한 재료
옆, 바닥—삼나무 집성목 패널(두께 15㎜×폭 80㎜×길이 330㎜) 5개,
앞—삼나무 집성목 패널(두께 15㎜×폭 60㎜×길이 210㎜) 1개,
뒤—삼나무 집성목 패널(두께 15㎜×폭 8㎜×길이 210㎜),
거친 나무, 스테인(본덱스 스테인 오크), 바니시(벤자민무어 저광), 목공본드, 영자신문,
명찰꽂이

크기 가로 245㎜×폭 330㎜×높이 210㎜

2장_ 아이 방(아들 방)

1 삼나무 집성목 패널(두께 15mm×폭 80mm)을 옆, 앞뒤, 바닥 부분을 원형톱으로 절단한 후, 앞부분은 ㄷ자가 되게 직소기로 자르고 가조립한다.

2 바닥에 들어가는 삼나무 집성목 패널 3장에 스테인(본덱스 스테인 오크)을 1회 칠한다.

3 옆부분과 앞부분을 연결할 때 목공본드를 바른 후 망치로 못을 박는다.

4 바닥 부분도 목공본드를 발라준다.

5 스테인을 칠한 2번의 나무를 가운데에 놓고 못으로 박아준다.

6 다리가 박힐 자리는 미리 연필로 그어 준다.

7 거친 나무는 목공본드를 바르고 타카로 박아서 고정한 뒤 바니시(벤자민무어 저광)를 발라준다.

8 영자신문을 오려서 딱풀로 붙이고 명찰꽂이를 위에 올린 뒤 못으로 박아준다.

TIP
한 칸씩 쌓아서 올리는 것이 중요한 A4용지함은 다리 부분이 아래쪽의 A4용지함에 잘 맞게 들어가는 게 중요합니다. 사이즈를 정확하게 재서 잘 박아줘야 윗부분과 아랫부분이 잘 맞춰집니다. 다리를 달 때에는 두 개의 용지함이 잘 포개져서 들어갈 수 있게 안쪽으로 사이즈를 그어준 뒤에 박아주면 다리가 안쪽으로 들어가서 보기에도 예쁩니다.

초간단으로 만드는 모니터 받침대

모니터 바닥 사이즈와 키보드 길이에 맞춰
만든 모니터 받침대 겸 키보드 가리개입니다.
문을 열고 닫아서 키보드를 넣으니 키보드에 먼지가 쌓이는 것을 막아주고
공간 활용도 할 수 있는 초간단 모니터 받침대랍니다.

사용한 도구 원형톱, 충전드릴, 전기타카, 홀쏘, 커터칼, 스펀지, 사포
사용한 재료 삼나무 집성목 패널(두께 15mm×폭 150mm), 경첩, 꺽쇠, 스테인(본덱스 수성 스테인 벚나무)
크기 가로 460mm×폭 240mm×높이 80mm

2장_ 아이 방(아들 방)

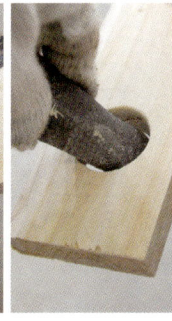

1 삼나무 집성목 패널(두께 15mm×폭 150mm)을 크기에 맞게 절단한 뒤 홀쏘로 구멍을 뚫어준다. 홀쏘로 뚫어진 부분은 사포를 둥글게 말아서 곱게 다듬어준다.
2 상판과 다리를 연결하기 위해서 목공 본드를 칠해준다.

3 안쪽에서 ㄱ자 꺽쇠를 연결해준다.
4 밖에서는 타카로 고정한다.

5 커터칼로 경첩이 들어갈 만큼 홈을 파준다.
6 문 안쪽에서 경첩을 달아준다.

7 경첩이 안쪽에 박혀서 깔끔하게 문이 달아졌다.
8 스테인(본덱스 수성 스테인 벗나무)을 스핀지로 2회 페인팅한다.

035

현대적이면서도 모던한
폴등

아들 방이라면 인테리어도 딱딱할 것이라는 고정관념을 버리도록 기존 등을 심플하면서도 모던한 등으로 교체했습니다. 길게 뺀 전선이 시원시원하게 시야를 확보해주네요.

사용한 도구 충전드릴, 펜치, 검정 테이프
사용한 재료 공간조명 폴7등, 미송 판재(두께 18㎜ × 가로 150㎜ × 세로 150㎜)

2장_ 아이 방(아들 방)

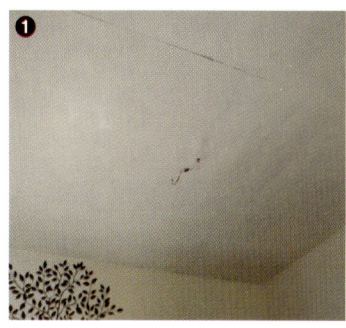
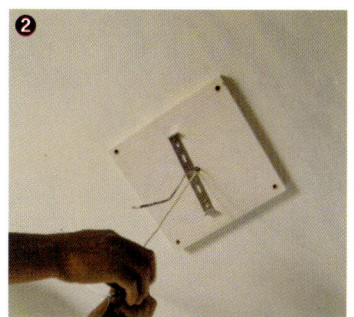

1 기존에 있던 등을 떼어낸다.
2 미송 판재 가운데 구멍을 내어 박아주고 등을 받쳐줄 지지대를 박는다.

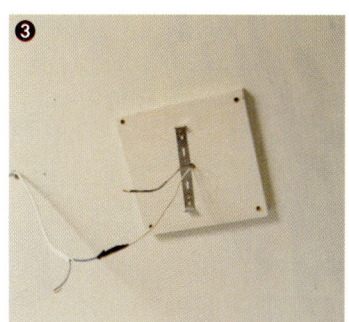
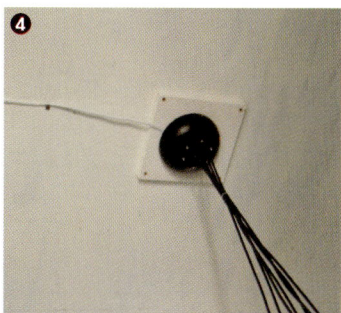

3 전선을 펜치로 연결하고 검정 테이프로 감아준다.
4 폴7등을 지지대와 연결한다.

5 전구를 달아주면 완성.

3장

주방

심플하게 꾸며서 정리 정돈된 느낌의 주방

벽면은 핸디코트와 페인트로 마감해서 깔끔하게 마무리하고 침니후드를 설치하여 유럽형 주방으로 꾸몄습니다. 냉장고와 싱크대 키큰장을 일렬로 이어 붙여 그 위를 막은 뒤 수납공간으로 만들었답니다. 레트로와 유럽풍으로 꾸민 주방에서는 매일 맛난 레시피들이 솟아날 것만 같아요.

036

내추럴하게 변신한
화이트 주방 인테리어

쉽게 바꾸기 어려운 싱크대는 주부들의 가장 큰 고민거리입니다.
평상시 꿈꿔오던 화이트 주방 인테리어로 꾸미기 위해
싱크대에는 합판을 붙여서 화이트 페인트를 칠하고,
주방의 한쪽 벽면은 빈티지한 블루빛 페인트를 칠해
포인트로 꾸며보았습니다.

before

사용한 도구 충전드릴, 전기타카, 붓, 사포220방
사용한 재료 미송 합판(두께 9㎜), 파덱스PL50본드, 페인트(벤자민무어 벤 cloud white 967, buxton blue HC 149), 올드 빌리지(쉐이지 그린), 원목 손잡이,
바니시(벤자민무어 저광), 스테인(트루톤 내추럴 우드 스테인 라이트오크)

3장_ 주방

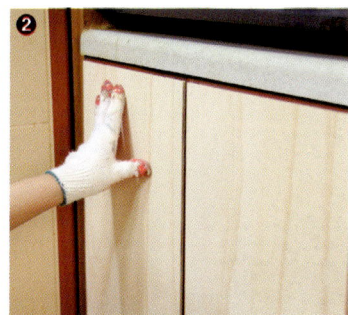

1 싱크대 문짝에 미송 합판과 패널을 붙여주기 위해 도면을 그린다.

2 재단 받은 미송 합판에 파덱스PL50본드를 골고루 발라, 싱크대 문짝에 붙여준다.

3 전기타카를 테두리 부분에 쏘아주며 고정한다.

4 통판 붙이는 작업이 끝나면 테두리 부분에 미송 패널을 둘러준다.

TIP 목공본드를 바르고, 전기타카로 고정합니다.

5 페인트(벤자민무어 벤 cloud white 967)를 준비한다.

6 싱크대 전체에 3회 페인팅한다.

7 포인트를 주는 부분에는 올드 빌리지(쉐이지 그린)를 3회 페인팅한다.

8 페인트가 완전히 마르기를 기다린다.

9 싱크대 아랫부분에 체리색 걸레받이가 보인다.

10 미송 패널을 준비해서 파덱스PL50 본드로 발라준다.

TIP 걸레받이 부분과 폭이 똑같은 미송 패널에 목공본드를 발라줍니다.

11 패널을 걸레받이에 고정한 후 타카 작업을 해준다.

12 페인팅이 건조되면 싱크대 전체를 사포220방으로 부드럽게 샌딩한다.

3장_ 주방

13 원목 손잡이엔 스테인(트루톤 내추럴 우드 스테인 라이트오크)을 칠하고 말린다.

14 문짝마다 원목 손잡이를 피스를 사용하여 고정한다.

15 마감제로 사용할 바니시(벤자민무어 저광)와 붓을 준비한다.

16 싱크대 전체에 바니시(벤자민무어 저광)를 3회 칠해준다.

> **TIP** 많이 쓰는 가구나 싱크대는 바니시를 여러 번 칠해주는 것이 좋아요.

17 주방 벽엔 페인트(벤자민무어 벤 buxton blue HC 149)를 2회 칠한다.

> **TIP** 벽지용 페인트를 사용하게 되면 벽지를 제거하지 않고, 벽지 위에 그대로 페인트를 칠해주면 됩니다.

18 페인트가 건조될 때까지 기다린다.

> **TIP** 싱크대 문짝에 합판을 붙여줄 때는 문짝 폭보다 사방 1cm 정도 작게 재단해서 붙여야해요. 사이즈가 똑같으면 싱크대 문을 열고 닫기가 불편하거든요. 작업이 끝난 후엔 싱크대 안쪽의 경첩 나사를 조절하여 문짝 사용을 편리하게 해주는 것이 좋습니다. 패널 작업 시, 타카 작업을 하기 전 목공본드를 꼭 발라서 튼튼하게 붙여주세요. 싱크대는 음식물과 물이 직접적으로 닿는 곳이므로 바니시 작업은 다른 곳보다 2~3번은 더 해주어야 합니다.

037

싱크대 벽면을 깨끗하게 만드는

자기질타일 붙이기

타일 벽은 찌든 때로 인해 닦아도 지저분해 보입니다.
기존 시트지와 어두운 타일 때문에 주방 분위기가 더 칙칙하게 느껴지네요.
리폼한 싱크대 분위기와 어울리게끔 주방 벽면은
자기질타일을 붙여 내추럴한 분위기로 만들었습니다.
변신 전보다 훨씬 넓고 화사해 보이지요?

before

사용한 도구 고무망치, 고무헤라, 붓, 고무장갑, 젖은 걸레
사용한 재료 바니시(벤자민무어 저광), 자기질타일(크림화이트), 타일 줄눈제, 타일 접착제(애니픽스7000)

3장_ 주방

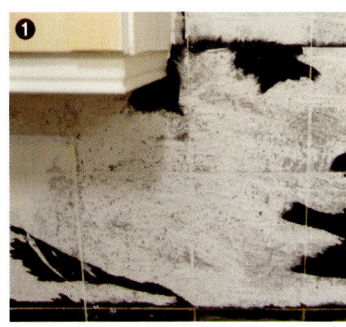

1 주방 벽에 붙어 있는 시트지를 제거해 준다.

2 고무 헤라에 타일 접착제를 덜어내어 주방 벽 위에 골고루 펴 바른다.

TIP 기존 주방 타일 벽 위에 타일 접착제를 바로 발라도 됩니다.

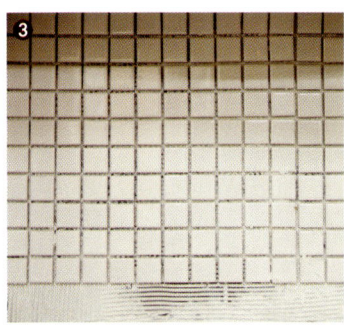

3 자기질타일을 한쪽 방향으로 일정한 간격을 맞춰가며 붙여준다.

4 고무망치를 이용해 울퉁불퉁 튀어나온 자기질타일을 톡톡 치며 자리를 잡아준다.

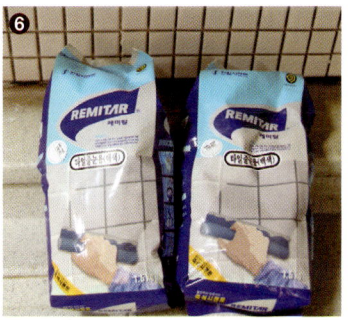

5 같은 방법으로 일정 간격을 잘 유지하며 타일 작업을 한다.

6 가루형 타일 줄눈제를 준비한다.

7 적당한 용기에 담고 물과 희석하여 치약 농도로 반죽한다.

8 고무장갑을 끼고 타일 줄눈제로 타일과 타일 사이를 메워주듯 펴 바른다.

🟢 **TIP** 반죽한 줄눈제를 한주먹씩 덜어내어 타일 전체에 펴 바릅니다.

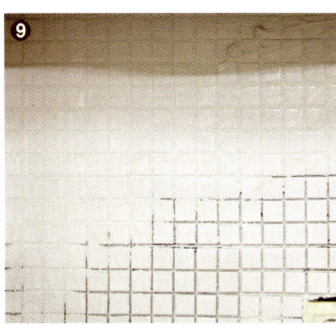
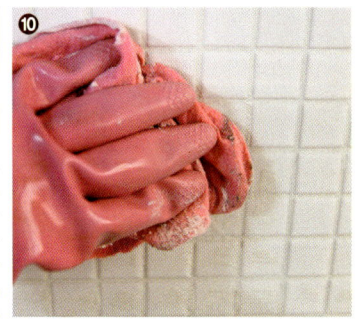

9 30분 정도 타일이 적당히 굳기를 기다린다.

10 젖은 걸레를 이용해 타일 위의 줄눈제를 여러 번 닦아준다.

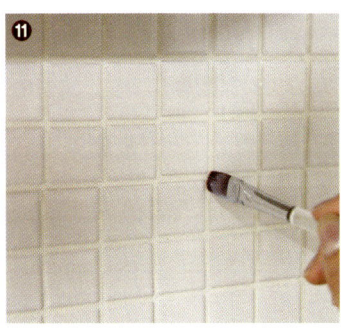

11 하루 정도 지나 줄눈제가 마르면, 바니시(벤자민무어 저광) 작업을 한다.

🟢 **TIP** 타일과 타일 사이의 간격이 좁으므로 작은 평붓을 이용하여 바니시를 발라주면 작업이 수월해집니다.

> 🟢 **TIP**
> 타일 접착제를 일정한 두께로 펴 바르고 타일을 붙여주어야 합니다. 타일이 고르게 붙여지지 않은 곳은 고무망치로 톡톡! 두세 번 정도 가볍게 쳐주어 수평이 되도록 맞춰주세요. 줄눈제를 펴 바른 후 30분 정도 지난 후에 젖은 수건과 마른 수건으로 번갈아가며 줄눈제를 닦아줍니다. 하루 정도 줄눈제가 굳어지기를 기다린 후 폭이 좁은 평붓을 이용하여 바니시를 줄눈제 전체에 발라주면 됩니다. 시간이 지나고 줄눈제의 미세한 가루가 먹어질 수 있으므로 바니시 작업을 꼭 해줘야 합니다.

멀바우 집성목으로 새것 느낌 나게
싱크대 상판 교체

멀쩡하지만 오래돼서 유행이 지난 싱크대를 교체하는 방법은 간단합니다. 문을 미송 합판으로 덧대고 싱크대 상판도 교체해주면 된답니다. 싱크대 상판은 물에도 강하고 튼튼한 멀바우 집성목을 이용해서 올려줍니다. 스테인과 바니시로 코팅처리를 여러 번 해서 사용하기에 불편함 없는 싱크대 상판이 탄생했어요.

사용한 도구 직소기, 충전드릴, 스펀지용 붓, 스텐헤라
사용한 재료 멀바우 집성목(두께 18mm×폭 550mm×길이 1350mm-왼쪽 1개, 두께 18mm×폭 550mm×길이 1010mm-오른쪽 1개), 각재(두께 40mm×폭 40mm×길이 30mm), 삼나무 집성목 패널(두께 10mm×폭 60mm×길이 2390mm, 페인트(벤자민무어 네츄라 white dove OC 17), 스테인(벤자민무어 투명 스테인), 바니시(벤자민무어 저광)

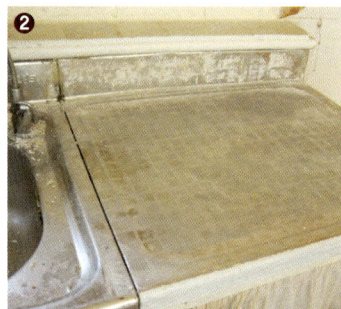

1 기존 타일을 스텐헤라로 떼어낸다.
2 상판을 깨끗이 정리한다.

3 멀바우 집성목을 왼쪽(두께 18mm×폭 550mm×길이 1350mm)과 오른쪽(두께 18mm×폭 550mm×길이 1010mm) 싱크대 상판 크기에 맞게 절단 신청을 받아서 준비한다. 드릴비트로 구멍을 뚫어준 뒤 그 구멍에 직소기를 넣어서 쿡탑 크기에 맞게 한다.
4 구멍을 낸 뒤에 쿡탑을 올렸을 때 딱 맞으면 된다.

5 싱크대 상판 아랫부분에 다용도 선반을 만들기 위해서 각재(두께 40mm×폭 40mm×길이 150mm)로 기둥을 만든다.
6 옆, 아랫부분 모두 각재를 박는다.

3장_ 주방

7 문을 달아준다.

8 스테인(벤자민무어 투명 스테인)을 3회, 바니시(벤자민무어 저광)를 2회 페인팅한다.

9 상판을 설치하고 난 뒤 싱크대 벽면의 지저분한 부분에 나무를 덧붙이기 위해서 깨끗이 정리한다.

10 삼나무 집성목 패널(두께 10mm×폭 60mm×길이 2390mm)을 싱크대 상판 벽 쪽에 맞게 절단한 후 페인트(벤자민무어 네츄라 white dove OC 17)를 2회 칠하고 실리콘으로 붙인다.

TIP 물에 닿는 부분이 많으니 바니시(벤자민무어 저광)로 마무리합니다.

039 다용도로 활용하는
냉장고 위 수납공간

냉장고 윗부분은 이것저것 올려둬서 지저분한 공간인데 미송 각재로 지지대를 만든 후 문을 달아주면 훌륭한 다용도 수납공간으로 탄생합니다.
냉장고 옆부분도 미송 루바를 달아 가려주니 활용성이 매우 좋아요.

사용한 도구 원형톱, 충전드릴, 전기타카
사용한 재료 페인트(벤자민무어 네츄라 white dove OC 17), 합판(두께 10㎜), 각재(두께 30㎜×폭 30㎜), 경첩, 빠찌링, 손잡이, 목공본드

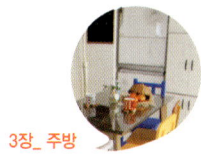

3장_ 주방

1 각재(두께 30×폭 30mm)를 냉장고 빈 공간에 맞춰서 절단한 뒤에 피스로 고정한다.
2 주방 키큰장과 천장에 고정하여 박으면 문을 달 공간 지지대가 완성된다.

3 문을 만들기 위해 합판(두께 10mm)과 각재(두께 30×폭 30mm)를 크기에 맞춰 준비한다.
4 합판과 각재를 목공본드로 바른 뒤에 타카로 박는다.

5 냉장고 위 공간의 적당한 크기에 맞췄기 때문에 크기가 다 다르다.
6 미리 고정한 지지대에 경첩을 박는다.

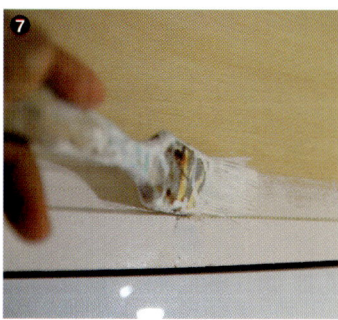

7 페인트(벤자민무어 네츄라 white dove OC 17)를 2회 칠한다.
8 경첩과 빠찌링, 손잡이를 달고 입체스티커를 붙인다.

향수를 느낄 수 있는
미닫이 주방 찬장

'미닫이 주방 찬장' 하면 왠지 모르게 옛날로 돌아가는 느낌이 듭니다.
미닫이로 찬장을 만들어서 공간 활용이 용이하니
주방용품 수납하기에도 아주 편리하답니다.
찬장의 왼쪽에 폭이 좁은 나무를 연결해주면
그릇 건조대 역할까지 해줍니다.

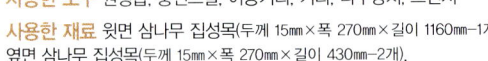

사용한 도구 원형톱, 충전드릴, 이중기리, 기리, 나무망치, 스펀지

사용한 재료 윗면 삼나무 집성목(두께 15mm×폭 270mm×길이 1160mm-1개),
옆면 삼나무 집성목(두께 15mm×폭 270mm×길이 430mm-2개),
바닥 삼나무 집성목(두께 15mm×폭 270mm×길이 600mm-1개),
삼나무 집성목 패널(두께 15mm×폭 45mm×길이 570mm-5개),
문 삼나무 집성목(두께 15mm×가로 580×높이 385-1개),
선반 삼나무 집성목(두께 15mm×폭 200mm×길이 585mm-1개),
벽면 각재(두께 30mm×폭 60mm×길이 1200mm-위아래 2개,
두께 30mm×폭 60mm×길이 370mm-옆면 2개),
미닫이용 나왕쫄대(두께 10mm×폭 10mm×길이 1160mm-4개),
페인트(벤자민무어 네츄라 white dove OC 17),
스테인(벤자민무어 반투명 스테인 아보코트 oxford brown 70), 목다보, 목봉, 집게,
워싱천, 목공본드, 꺽쇠, 손잡이, 틴싸인판

크기 가로 1200mm×폭 275mm×높이 435mm

1 바닥 부분은 삼나무 집성목 패널(두께 15mm×폭 270mm×길이 600mm) 옆면에 기리로 구멍을 낸다.

2 구멍 난 삼나무 집성목에 목공본드를 바르고 목다보를 넣어준다.

3 연결한 삼나무 집성목 패널(두께 15mm×폭 270mm×길이 600mm) 5개에도 구멍을 낸 뒤에 2번과 같은 방법으로 연결한다.

4 1번과 3번을 연결해주면 바닥 부분이 완성된다.

5 미닫이용 나왕쫄대(두께 10mm×폭 10mm×길이 1160mm) 4개를 아랫부분에 2개, 윗부분에 2개를 18mm 폭이 되도록 여분을 남기고 타카로 박는다.

6 옆면은 삼나무 집성목(두께 15mm×폭 270mm×길이 430mm) 2개에 이중기리로 구멍을 낸다.

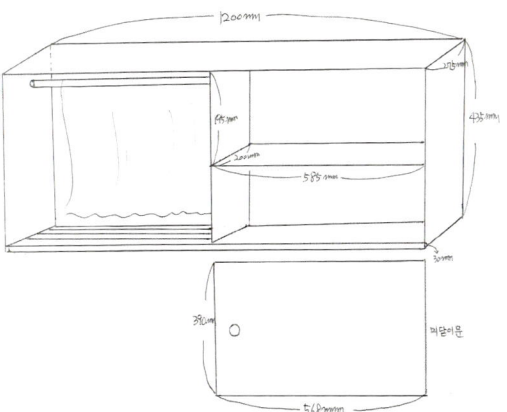

7 바닥과 옆부분에 피스를 박는다.

8 오른쪽 삼나무 집성목(두께 15㎜×폭 200㎜×길이 585㎜) 1개를 안쪽에서 미리 피스를 박아준다.

9 5번에서 만들었던 나왕쫄대 사이에 문 삼나무 집성목(두께 15㎜×가로 580㎜×높이 385㎜)을 넣어주고 피스로 고정하면 미닫이문이 된다.

10 스테인(벤자민무어 반투명 스테인 아보코트 oxford brown 70)을 섞어서 스펀지로 바른다.

11 벽면 각재(두께 30㎜×폭 60㎜×길이 1200㎜—위아래 2개, 두께 30㎜×폭 60㎜×길이 370㎜—옆면 2개)를 창문에 찬장의 지지대 역할을 하도록 피스로 박는다.

12 만든 찬장을 주방 벽면 ㄱ자 꺽쇠를 달아서 벽에 고정한다.

3장_ 주방

13 상도색으로 페인트(벤자민무어 네츄라 white dove OC 17)를 2회 칠한다.
14 틴싸인판과 손잡이도 박는다.

15 목봉과 집게를 이용해 워싱천으로 커튼을 달아준다.
16 미닫이 주방 찬장 완성.

> **TIP**
> 미닫이라서 문을 밀고 닫게 하기 위한 홈을 파기 힘들기 때문에, 나왕쫄대로 홈을 만들어줍니다. 미닫이문의 두께만큼 나왕쫄대를 앞뒤로 박아줘야 미닫이문의 고정이 확실히 됩니다. 아랫부분과 옆부분을 박아준 뒤에 문을 넣어주고 윗부분을 막아주는 게 중요합니다. 문의 크기도 밀고 닫기 편리하게 조정을 해주세요.

튼튼하게 조립 가능한

주방 선반장

기존에 많이 작업하던 피스 조립이 아닌
미니픽스볼트와 하우징부품으로 조립하는 선반장입니다.
생소하긴 하지만 피스를 조립할 때보다
오히려 더 튼튼하게 조립할 수 있어요.
문짝에 철망문을 덧대주어 컨츄리한 느낌으로 만들어도 괜찮고,
유리문을 달아 내추럴한 느낌으로 작업해도 좋습니다.

사용한 도구 충전드릴, 붓, 스펀지
사용한 재료 바우엔홈 데이지 컵보드(반제품),
스테인(트루톤 내추럴 우드 스테인 라이트오크), 바니시(본덱스 수성 저광)
크기 가로 540㎜ × 폭 170㎜ × 높이 540㎜

3장_ 주방

1 바우엔홈 데이지 컵보드(반제품)의 옆판으로 사용될 패널의 홈에 미니픽스볼트를 고정해준다.

2 편리한 작업을 위해 작업해야 할 패널에 미니픽스볼트를 모두 고정해놓는다.

3 선반으로 사용될 패널의 폭이 좁은 테두리 부분의 홈을 확인한다.

4 미니픽스볼트에 3번의 홈이 잘 맞도록 끼워준다.

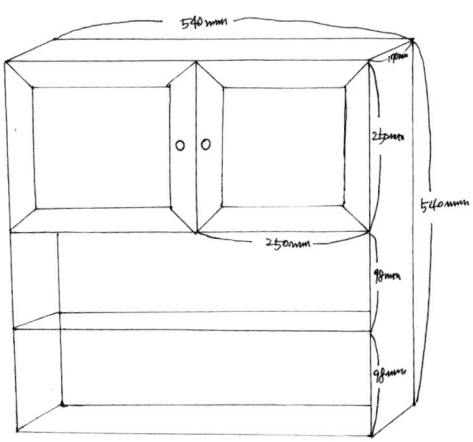

5 선반으로 사용될 판재의 또 다른 홈에 미니픽스하우징을 끼워준다.

6 드릴이나 드라이버를 사용해서 미니픽스하우징을 꽉 조여준다.

7 선반 틀이 완성된 상태.

8 미송 패널을 이용해서 뒤판을 덧대주고 못질로 고정한다.

9 완성된 컵보드 선반이 일정한 간격으로 조립되었는지 확인해본다.

10 스테인(트루톤 내추럴 우드 스테인 라이트 오크)을 스펀지에 묻혀서 2회 칠한다.

3장_ 주방

11 기존 철망문을 불투명 유리문으로 교체한다.

TIP 기존 철망문에서 철망을 제거하고 동네 유리점에서 불투명 유리로 교체해주었습니다.

12 문짝에 원목 손잡이를 피스로 부착한다.

13 문짝에 경첩을 이용해서 컵보드 선반장에 부착한다.

14 컵보드 전체에 바니시(본덱스 수성 저광)를 1회 칠한다.

15 컵보드 선반장 뒤쪽 테두리 부분에 액자 고리를 부착한다.

TIP 동봉된 설명서를 잘 참고하고, 미니피스볼트와 하우징부품의 용어를 익히고 이해하는 것이 중요합니다. 삼나무는 피스 작업을 바로 해주면 갈라짐이 생길 수 있어, 경첩을 달아줄 때에는 이중기리로 구멍을 뚫어준 후 피스 작업을 해야합니다.

철망 문이 달린
야채 보관함

철 문이 달려서 야채를 보관하기 좋은 수납함입니다.
3칸으로 나눠져 있으니
용도별로 물건을 수납하기에 좋습니다.

사용한 도구 충전드릴, 전기타카, 스텐실 붓, 사포220방, 스펀지
사용한 재료 미니3단야채장(손잡이닷컴 반제품), 목공본드, 손잡이, 스테인(트루톤 내추럴 우드 스테인 라이트오크), 향기왁스, 스텐실 본, 아크릴물감(검정)

크기 가로 360mm × 폭 265mm × 높이 690mm

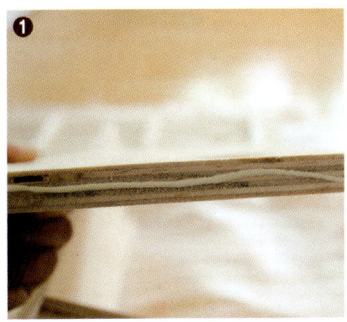

1 옆판과 선반 연결부분에 목공본드를 발라준다.

2 옆판과 선반을 틀에 맞게끔 모양을 잡아준 후 검정 피스로 연결한다.

3 같은 방법으로 선반 4개를 조립한다.

4 반대편의 옆판도 틀에 맞게 연결한다.

5 문짝의 받침 부분이 되는 목재에 목공본드를 바른다.

6 패널 사이에 끼워준 다음 타카로 고정한다.

7 뒤판으로 사용될 미송 패널을 사이즈에 맞게 준비한다.
8 목공본드를 발라주고 못질이나 타카로 고정해준다.
TIP 패널을 붙일 때 어느 정도 간격이 일정해야 하므로 양끝 먼저 작업한 후, 가운데 패널을 고정해줍니다.

9 몸통 조립이 완성된 야채장.
10 선반 틀의 홈에 검정 피스를 박아준다.

11 문짝에 달린 자석을 검정 피스에 잘 맞춘 후 경첩을 이용해서 몸통에 부착한다.
12 문짝을 달면 야채장 조립 완성.

3장_ 주방

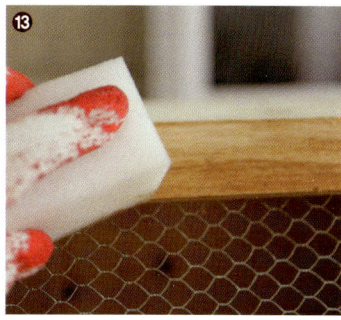

13 야채장 전체에 스테인(트루톤 내추럴 우드 스테인 라이트오크)을 스펀지에 묻혀서 2회 칠한다.

14 스테인 건조 후 사포220방으로 부드럽게 샌딩한다.

15 검정 손잡이를 문짝에 피스로 고정한다.

16 문짝 부분에 스텐실 본을 대고 스텐실한다.

17 향기왁스를 스펀지에 묻혀 쓱쓱 구두약 바르듯이 야채장 전체에 발라준다.

> **TIP**
> 가구 조립 시, 나무와 나무 연결부분엔 반드시 목공본드를 반듯하게 발라준 다음 피스로 튼튼하게 고정해줍니다. 뒤판 덧대기를 할때에는 패널의 일정한 간격을 유지하기 위해 양쪽 패널을 먼저 고정하고 가운데 패널을 고정해줘야합니다. 실생활에 자주 쓰이는 가구는 바니시 작업을 꼭 해줍니다.

모던하고 심플한
레트로 식탁

반제품으로 된 레트로 식탁은 조립하기에도 아주 편리합니다. 다리가 레트로 스타일이라서 과거로 돌아간 느낌도 들지만 세련된 느낌도 풍깁니다. 갈색 스테인을 칠해서 안정감 있고, 무난한 식탁 상판은 바니시로 여러 번 마감해서 사용하기에 편리함을 더했습니다.

사용한 도구 충전드릴, 스펀지, 사포220방

사용한 재료 다이야 놀자 레트로 식탁, 스테인(벤자민무어 반투명 스테인 아보코트 oxford brown 70), 투명 스테인(벤자민무어 투명 스테인), 목공본드

크기 가로 1350mm×폭 600mm×높이 750mm

3장_ 주방

1 반제품으로 된 식탁을 사포220방으로 깔끔하게 다듬는다.

2 스테인(벤자민무어 반투명 스테인 아보코트 oxford brown 70)과 투명 스테인(벤자민무어 투명 스테인)을 섞는다.

3 조색한 스테인과 투명 스테인을 3회 이상 스펀지로 발라준다.

4 홈이 파진 부분에 코너 연결 브라켓을 넣는다.

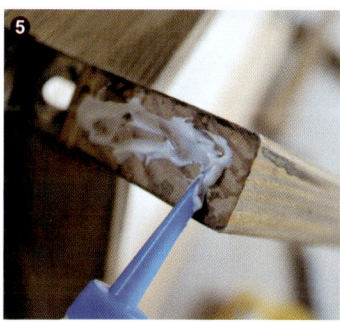

5 다리를 붙이기 위해서 미리 목공본드를 칠해준다.

6 다리가 들어갈 자리에 넣는다.

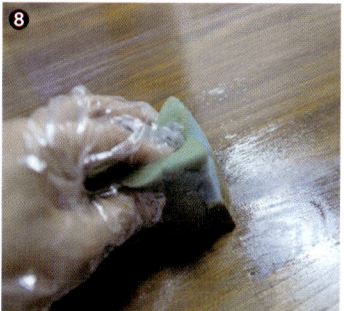

7 드릴로 코너 연결 브라켓을 고정한다.

8 바니시를 2회 이상 칠해준다.

화사함과 우아함이 돋보이는
주방 등

기존 등을 고급스러우면서도 우아한 안젤리카2등으로 교체해서 주방이 화사해졌습니다. 안젤리카2등은 도자기로 만들었기 때문에 우아함이 돋보이는 등입니다.

사용한 도구 충전드릴, 홀쏘, 이중기리, 펜치, 검정 테이프, 사포220방
사용한 재료 공간조명 안젤리카2등.
삼나무 집성목 패널(두께 10㎜×폭 100㎜×길이 1100㎜).
페인트(벤자민무어 네츄라 white dove OC 17)

3장_ 주방

1 삼나무 집성목 패널(두께 10mm×폭 100mm ×길이 1100mm)에 홀쏘로 가운데 구멍을 낸 후 사포220방으로 깔끔하게 정리를 한다.

2 모서리 부분에 이중기리로 구멍을 낸다.

TIP 드릴에 이중기리를 다시 교체합니다. 구멍낼 때 사용하면 아주 좋아요.

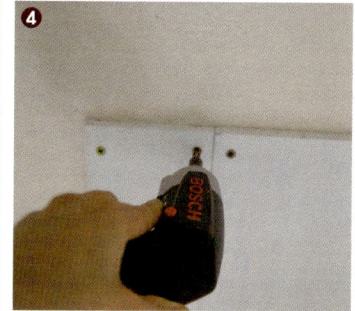

3 페인트(벤자민무어 네츄라 white dove OC 17)를 2회 칠한다.

4 기존 전등을 떼어낸 후 나무를 천장에 드릴로 박아준다.

TIP 작업할 때에는 꼭 전기를 차단해 주세요.

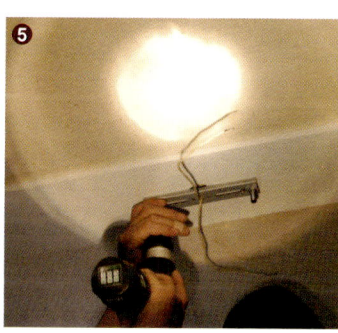
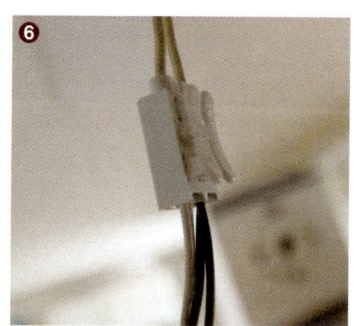

5 구멍에 전선을 내고 전등 지지대를 달아준다.

6 전선을 연결한다.

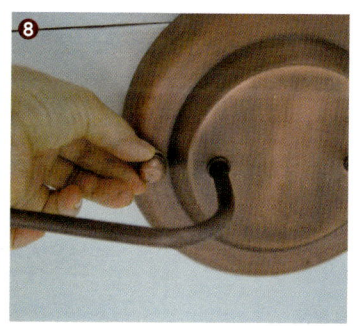

7 전등 커버를 씌워준다.

8 마지막으로 나사를 조여주면 완성.

도안을 스텐실하여 만든
다용도 트레이

다이소에서 구입한 원목 쟁반에 와이라벨 도안을 스텐실하여 만든 트레이입니다.
가끔 톱질하기 귀찮을 때에는 이렇게 저렴한 가격의 다이소 소품을 응용하여
다양한 소품을 만들곤 하는데 리폼 방법을 익히는데 아주 좋은 것 같습니다.
쉐비시크 원목 손잡이를 달아주니 내추럴한 분위기의 트레이로 변신했습니다.

사용한 도구 충전드릴, 붓, 스텐실 붓, 사포220방, 스펀지

사용한 재료 원목 쟁반(다이소 구입), 페인트(벤자민무어 벤 cloud white 967),
아크릴물감(검정, 번트), 스텐실 본, 손잡이닷컴 쉐비시크 손잡이,
바니시(벤자민무어 저광), 스테인(트루톤 내추럴 우드 스테인 다크월넛)

크기 가로 380mm×세로 2400mm

3장_ 주방

1 다이소에서 구입한 원목 쟁반을 준비한다.

2 가운데 마크 부분을 사포220방으로 밀어준다.

3 쟁반 전체에 페인트(벤자민무어 벤 cloud white 967)를 젯소를 생략한 채로 2회 페인팅한다.

4 아크릴물감 검정과 번트를 조색한 색으로 스텐실한다.

5 스텐실한 물감이 건조될 때까지 기다린다.

6 쟁반 사이드로 쉐비시크 손잡이를 피스로 부착한다.

7 손잡이 부분에 스테인(트루톤 내추럴 우드 스테인 다크월넛)을 스펀지에 묻혀 쓱쓱 칠해준다.

8 손잡이와 트레이 전체에 바니시(벤자민무어 저광)를 1회 칠한다.

버리기 아까운 잼 병 모아서 만드는
유리병 소품

• 흔히 집에서 볼 수 있는 과일잼 병입니다.
다 먹고 난 후 그냥 버리기에 아까운 유리병들,
깨끗이 세척하여 빈티지 라벨을 붙이고 컬러감이 있는 페인트를
뚜껑에 칠해주면 예쁜 소품으로 탄생합니다.
재활용 리폼을 해줌으로써 지구 환경 살리기에 적극적으로 동참합시다.

사용한 도구 드라이기, 붓
사용한 재료 잼 병, 아크릴물감(블루, 흰색), 젯소(벤자민무어 젯소), 빈티지 라벨, 바니시(벤자민무어 저광)

크기 높이 70mm~100mm

3장_ 주방

1 빈 잼 병을 준비한다.
2 용기에 붙어 있는 종이 라벨을 제거한다.

TIP 종이 라벨은 물에 담가두었다가 불려서 수세미로 문질러도 되고, 드라이기 바람을 한참 동안 쐬어준 후 손으로 뜯어내도 됩니다.

3 유리병에 라벨 자국이 없도록 깨끗하게 닦아준다.
4 잼 병뚜껑에 젯소(벤자민무어 젯소)를 먼저 칠해준 후 조색한 물감(블루+흰색)을 2회 칠한다.

TIP 젯소는 다목적 프라이머라고도 합니다. 도색된 제품이나 리폼을 할 때 페인팅하기 전 초벌제로 미리 칠해줍니다. 물감이나 페인트를 칠했을 때 잘 떨어지지 않도록 잡아주는 역할을 합니다.

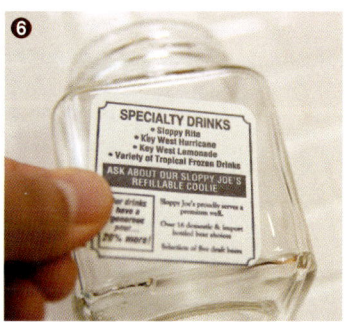

5 블루와 흰색 두 가지로 뚜껑에 색을 칠해주고 잘 건조한다.
6 유리병에 투명 빈티지 라벨을 붙인다.

7 뚜껑에는 원형으로 된 종이 라벨을 붙인다.
8 라벨 위에 바니시(벤자민무어 저광)를 1회 칠해준다.

4장

거실

마음이 차분해지는 공간으로 꾸민 거실

벽면은 핸디코트로 마감하고, 바닥도 넓어보일 수 있도록 동화자연마루를 설치한 화이트 인테리어입니다. 창문도 노만 셔터 갤러리 창을 달았더니 유럽풍 거실이 탄생했습니다. 에어컨장을 만들어서 인테리어를 한층 멋지게 완성시켰답니다.

047

카페 느낌을 살리는
거실 가벽 세우기

거실 유리문 뒤로 보이는 베란다의 지저분한 풍경을 가려주기 위해
거실 가벽을 세웠습니다. 화이트 컬러로 페인팅한 가벽은 좁아 보이는 거실을
더 아늑하고 넓어 보이게 해줍니다. 점점 카페 느낌으로 변해가는
거실에서 가족과 행복한 시간을 만들어 보세요.

before

사용한 도구 전기샌더기, 충전드릴, 전기타카, 붓, 사포220방
사용한 재료 전체 틀 각재(두께 30㎜×폭 60㎜),
지지대 각재(두께 30㎜×폭 60㎜), 미송 패널(두께 4.8㎜×폭 100㎜), 꺽쇠,
페인트(벤자민무어 리갈 white dove OC 17), 보강 평철, 목공본드

크기 가로 2100㎜×세로 2100㎜

4장_ 거실

1 철물점에서 구입한 각재(두께 30mm×폭 60mm)를 전기샌더기로 가볍게 샌딩한다.

2 샌딩한 각재(두께 30mm×폭 60mm)를 거실 유리문틀에 맞게 ㅁ자 모양으로 잡아준다.

TIP 나무와 나무 연결부분에 목공본드를 바르고, 보강 평철로 이어줍니다.

3 거실 유리문에 세워준 후 아랫부분부터 철제피스로 고정한다.

4 샷시가 플라스틱이라서 일반 피스를 사용해도 고정이 가능하다.

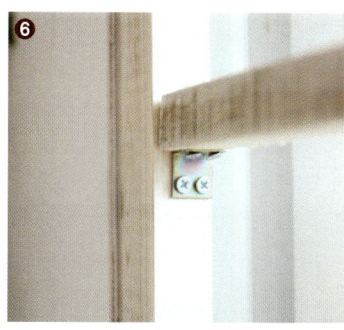

5 위쪽 샷시 부분도 피스로 튼튼하게 고정해준다.

6 패널을 붙여줄 지지대 각재(두께 30mm×폭 60mm)를 꺽쇠로 고정해준다.

7 각재와 각재(두께 30mm×폭 60mm)를 연결하는 부분에는 평평하게 펴진 꺽쇠로 다시 한 번 고정해준다.
8 가벽 하단으로 미송 패널(두께 4.8mm×폭 100mm)을 한 장씩 타카 작업으로 고정해준다.

9 일정한 간격을 유지하면서 미송 패널을 붙여나간다.
10 가벽 전체에 페인트(벤자민무어 리갈 white dove OC 17)를 2회 칠한다.

11 1회 칠하고 건조하고, 다시 1회 칠하고 건조하기를 반복한다.

거실 셀프 인테리어

내추럴한 분위기를 가득 담아낸

처음에 리폼을 할 때는 거실 분위기를 빈티지하게 꾸며주었습니다.
하지만 시간이 지나면서 점점 리폼에 대한 노하우도 생기고
추구하는 스타일도 변하게 되었지요.
원목 패널과 핸디코트로 작업한 거실은 내추럴한 느낌을 가득 담아내어
산뜻함이 감도는 따뜻한 공간으로 변신했습니다.

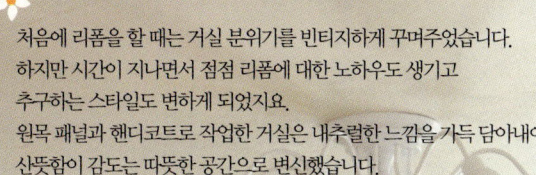

사용한 도구 붓, 글루건, 플라스틱헤라
사용한 재료 삼나무 패널(두께 9mm×폭 100mm), 미송 패널(두께 4.8mm×폭 100mm), 페인트(벤자민무어 네츄라 white dove OC 17), 워셔블 핸디코트, 파덱스PL50본드

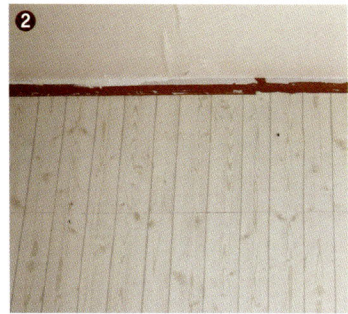

1 패널무늬 시트지로 도배된 거실.
2 핸디코트 작업과 패널 작업을 하기 위해 공간의 경계선을 표시해둔다.

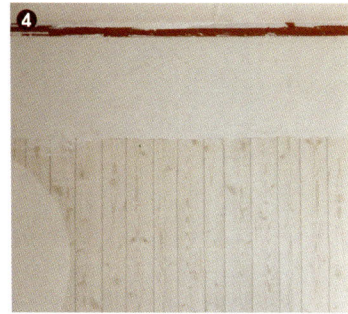

3 워셔블 핸디코트를 준비한다.
4 벽면 윗부분에 핸디코트를 발라준다.

5 미송 패널(두께 4.8mm×폭 100mm)에 파덱스PL50본드를 W자 모양으로 바른 후, 군데군데 글루건을 찍어준다.
6 핸디코트 작업을 한 아랫부분에 5번의 패널을 순서대로 붙인다.

4장_ 거실

7 일정한 간격으로 패널이 붙었는지 확인해본다.

TIP 본드만 사용하면 굳기까지 시간이 걸리기 때문에 순간 고정을 위해서 글루건을 사용합니다. 패널을 벽에 붙여 줄 땐 손을 바로 떼어내지 말고 몇 초간 힘으로 꾹 눌러준 후 떼어냅니다.

8 발림성과 건조성이 좋은 페인트(벤자민 무어 네츄라 white dove OC 17)를 준비한다.

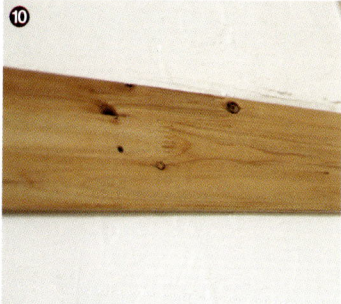

9 핸디벽과 패널 벽 전체에 2회 페인팅한다.

10 한쪽 벽면의 윗부분으로 삼나무 패널(두께 9mm×폭 100mm)을 붙인다.

TIP 파덱스PL50본드와 글루건 사용 후 벽에 붙여주세요.

TIP 벽면에 핸디코트 작업과 패널 작업을 할때는 벽지나 시트지 위에 바로 작업을 해도 됩니다. 패널을 벽면에 고정하기 전 패널에 접착력이 좋은 파덱스PL50본드를 사용하고, 틈새에 글루건을 쏘아 글루건이 굳기 전 재빠르게 벽면에 붙여주어야 합니다. 핸디코트는 고무헤라를 사용하여 일정한 두께로 골고루 펴 발라주며, 완전히 굳은 다음 한 번 더 덧발라 주는 방법으로 작업합니다. 화이트 색상의 페인트를 칠할 거라면, 핸디코트는 한 번만 칠해주고 듬성듬성 보이는 공간은 페인트로 칠해가려주면 됩니다.

049

튼튼하고 이동이 편리한

거실 테이블

폐자재로 만든 거실 테이블로 튼튼하고 이동이 편리합니다.
심플한 사각형의 테이블 안에 책을 넣어서
수시로 꺼내볼 수도 있으니 아주 편리한 거실 테이블입니다.
오크색으로 페인팅을 했기 때문에 내추럴함이 살아 있어
나무 향기가 거실에 퍼집니다.

사용한 도구 원형톱, 충전드릴, 망치, 스펀지 붓, 사포180방, 사포220방, 못
사용한 재료 팔레트를 분해한 나무(폭 40㎜×길이 150㎜),
스테인(본덱스 수성 스테인 오크), 바퀴
크기 가로 1000㎜×폭 450㎜×높이 420㎜

4장_ 거실

1 폐팔레트(폭 40mm×길이 150mm)를 분해한 뒤 원형톱으로 절단한다.
2 모서리의 지저분한 부분은 사포180방으로 깔끔하게 다듬는다.

3 망치로 못을 박는다.
4 3개로 만든 나무를 연결하는데, 바닥 부분에서 나무로 고정한다.

5 위에 상판을 연결한다.
6 바닥에 바퀴를 달아준다.

7 전체적으로 다시 한 번 사포220방으로 다듬고 걸레로 닦는다.
8 스펀지 붓으로 스테인(본덱스 수성 스테인 오크)을 칠해준다.

050

포인트가 되어주는
레드 4칸 수납장

비비드한 컬러라서 포인트가 되어주는 레드 4칸 수납장입니다.
강렬한 레드 색상을 피하기 위해서 하도색을 갈색 계통으로 페인팅하고,
상도색을 레드로 칠해서 사포질한 후 빈티지 느낌을 살려주었습니다.

사용한 도구 충전드릴
사용한 재료 페인트인포 조르조 4단 수납장, 삼나무 집성목(두께 15㎜),
페인트(벤자민무어 리갈 caliete AF 290),
스테인(벤자민무어 반투명 아보코트 oxford brown 70), 경첩, 손잡이
크기 가로 400㎜ × 폭 240㎜ × 높이 720㎜

4장_ 거실

1 조르조 4단 수납장 반제품을 조립한다.
TIP 조립할 때 목공본드를 칠하면 더 튼튼합니다.
2 전체적인 골조를 완성하고 옆부분에 받침 보조목을 붙여준다.

3 보조목 위에 선반을 올려서 고정해준다.
4 경첩을 달아준다.

5 뒷부분은 MDF합판을 타카로 고정해준다.
6 하도색으로 스테인(벤자민무어 반투명 스테인 아보코트 oxford brown 70)을 칠해준다.

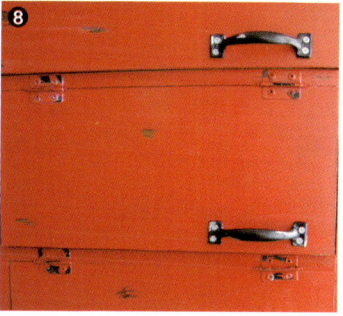

7 상도색은 페인트(벤자민무어 리갈 caliete AF 290)를 2회 칠해준다.
8 경첩과 손잡이를 달아주면 완성.

공간 활용도를 높인
거실 창가 칸칸장

거실 창가의 노만 셔터 갤러리 창을 설치하면서
아랫부분의 지지대 역할을 해주는 칸칸장을 만들었답니다.
칸칸장은 미닫이라서 공간을 활용할 수 있답니다.

사용한 도구 충전드릴, 홀쏘
사용한 재료 삼나무 패널(두께 15㎜), 나왕쫄대(두께 10㎜×폭 10㎜), 원뿔다리, 페인트(벤자민무어 네츄라 white dove OC 17), 젯소(벤자민무어 스틱스 초강력 프라이머 XA 05)
크기 가로 1670㎜×폭 185㎜×높이 750㎜

4장_ 거실

1 집에 묵혀 두던 장을 옆에서 타카를 쏴서 고정하고 칸칸장을 만든다.

2 바닥에 삼나무 패널(두께 15mm)을 덧대 준 뒤에 원뿔다리를 박는다.

3 옆부분도 기존 칸칸장보다 4cm 정도 여유 있게 앞과 옆부분이 나오게 박는다.

4 아랫부분과 윗부분에 나왕쫄대(두께 10mm×폭 10mm)를 타카로 박는다.

TIP 미닫이를 하기 위해서 여유 있게 합니다.

5 젯소(벤자민무어 스틱스 초강력 프라이머 XA 05)를 2회 칠해준다.

6 삼나무 집성목(두께 15mm)으로 문을 만들고 손잡이는 홀쏘로 구멍을 낸다.

7 문을 달고 상판을 붙인 뒤에 창가에 칸칸장을 설치한다.

8 마지막으로 페인트(벤자민무어 네츄라 white dove OC 17)를 2회 칠해준다.

거실의 분위기를 살리는

소파

거실 소파는 반제품으로 크기가 커서 혼자 힘으로 할 수 없기 때문에
다른 사람의 도움을 빌려서 조립하는 것이 좋습니다.
과정이 힘들지만 설명서대로 조립만 잘 따라하면 아주 멋진 거실 소파가 탄생합니다.
오크색으로 칠해서 내추럴함이 묻어나고,
소파패드도 화이트라서 거실을 환하게 만들어줍니다.

사용한 도구 충전드릴, 사포220방

사용한 재료 필웰 원목 DIY 벤치 소파 스프러스 집성목(반제품),
스테인(데프트 우드 스테인 내추럴오크), 스테인(본덱스 수성 스테인 오크),
바니시(벤자민무어 반광), 목공본드

크기 가로 2130mm × 폭 800 × 높이 800mm

4장_ 거실

1 반제품으로 된 원목 소파를 고운 사포로 다듬는다.
2 조립할 때에는 목공본드를 발라준다.

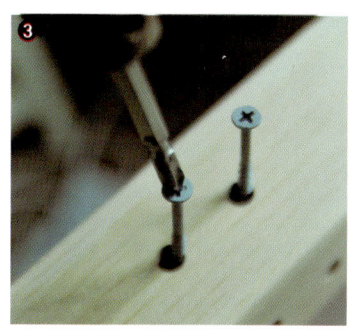

3 드릴로 피스를 박아준다.
4 옆부분과 뒷부분을 연결한다.

5 크기가 큰 소파 골조 완성.
6 상판을 윗부분에 올리고 피스를 박는다.

7 스테인(데프트 우드 스테인 내추럴오크)과 스테인(본덱스 수성 스테인 오크)을 섞어서 칠한다.
8 바니시(벤자민무어 반광)로 마감한다.

053

심플하고 개성 있는
공간박스 거실장

3칸짜리 공간박스를 붙인 뒤 곁에 삼나무를 덧대서 만든 공간박스 거실장으로, 위 칸은 수납이 용이하게 삼나무로 만들었답니다.
심플함과 내추럴함이 살아 있고, 원뿔다리를 달아줘서 레트로한 느낌까지 나는 개성 있는 거실장입니다.

사용한 도구 충전드릴, 전기타카

사용한 재료 미송 합판 공간박스 2칸(3개), 원뿔다리, 삼나무 집성목 패널(두께 15㎜), 페인트(벤자민무어 네츄라 white dove OC 17), 스테인(본덱스 수성 스테인 오크), 부식페인트, 목공본드, 메꿈이

크기 가로 1040㎜ × 폭 304㎜ × 높이 810㎜

4장_ 거실

1 미송 합판 공간박스 2칸짜리 3개를 조립한다.

2 3개를 붙이기 위해 목공본드를 칠하고 모서리를 피스로 고정한다.

3 테두리에 삼나무 패널을 덧대기 위해서 목공본드를 칠하고 타카로 고정한다.

4 상판, 옆부분, 아랫부분 모두 삼나무 집성목 패널(두께 15㎜)을 덧대준다.

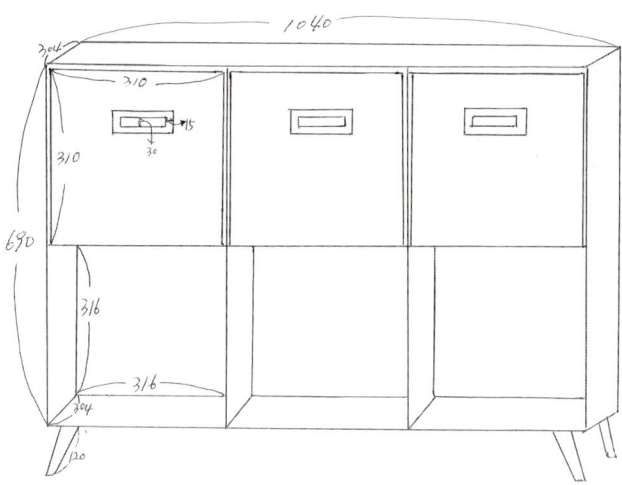

5 원뿔다리를 피스로 박는다.
6 피스 박은 부분은 메꿈이로 메운다.

7 공간박스 거실장 완성.
8 페인트(벤자민무어 네츄라 white dove OC 17)를 2회 칠한다.

9 삼나무 집성목 패널(두께 15㎜)을 가로 340㎜×세로 330㎜×폭 300㎜ 박스로 만들기 위해서 절단한다.
10 박스를 조립해 목공본드를 칠하고 타카로 박아준다.

4장_ 거실

11 포인트가 되는 구멍을 손잡이가 되도록 내어준다.

12 앞부분은 스테인(본덱스 수성 스테인 오크)을 2회 칠한다.

13 손잡이 테두리가 될 자투리 나무에 부식페인트를 칠해준다.

14 목공본드를 바르고 손잡이 테두리에 덧댄 후 무거운 통을 올려서 붙게 만든다.

> **TIP**
> 3칸짜리 공간박스를 튼튼하게 붙여주는 것이 아주 중요합니다. 공간박스를 조립한 뒤 목공본드를 이용해서 붙여주고 클램프로 고정하면 공간박스가 잘 붙어요. 서랍도 공간박스 크기보다 작게 만들어서 목공본드를 붙입니다.

내 손으로 직접 만드는
거실 티브이장

어린 시절 집집마다 하나씩은 있었을 법한, 무뚝뚝한 느낌의 가구들을 기억하시나요? 낡고 오래된 느낌이 친숙하고 편안합니다. 초등학교 시절 안방에 한자리 차지하고 있던 티브이장을 생각하며 만들어보았습니다.

사용한 도구 충전드릴, 전기타카, 클램프, 붓, 스펀지 붓, 사포 220방
사용한 재료 스프러스 집성목 재단 신청
㉠ 상판, 밑판 : 두께 18mm×가로 1500mm×세로 400mm-2장
㉡ 옆판, 칸막이 : 두께 18mm×가로 400mm×세로 400mm-4장
㉢ 문짝, 가운데 선반 : 두께 18mm×가로 460mm×세로 390mm-4장
㉣ 뒤판(미송 합판) : 두께 4.8mm×가로 1500mm×세로 430mm-1장
㉤ 쫄대 : 두께 18mm×폭 20mm×길이 390mm-2개
브라켓형 원목다리 4개, 스테인(트루톤 내추럴 우드 스테인 라이트월넛), 바니시(본덱스 수성 저광), 명찰꽂이 3개, 검정 손잡이 3개, 경첩 6개, 빠찌링 3개, 메꿈이

크기 가로 1500mm×폭 400mm×높이 510mm(원목다리 포함)

4장_ 거실

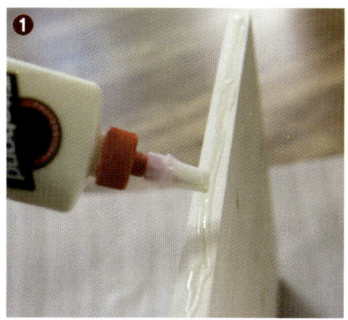

1 재단한 스프러스 집성목을 준비해서, 상판과 옆판(두께 18㎜×가로 1500㎜×세로 400㎜×두께 18㎜×가로 400㎜×세로 400㎜)을 연결하는 부분에 목공본드를 발라준다.

2 거실 티브이장의 기본 틀을 만들기 위해 ㄱ자 모양으로 연결해준다.

TIP 각진 부분을 임시로 고정할 땐 클램프를 사용합니다.

3 충전드릴에 이중기리를 끼워서 피스를 고정할 자리를 뚫어준다.

4 피스 작업으로 튼튼하게 고정한다.

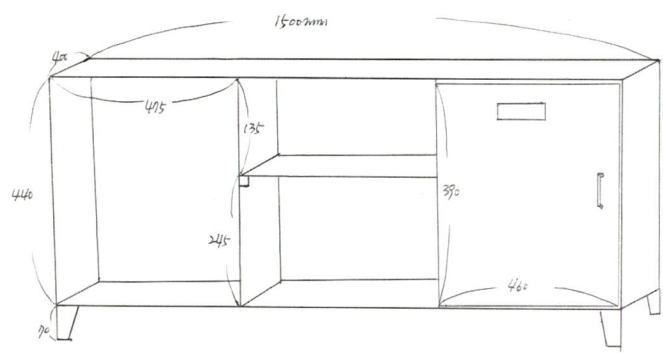

5 ㄷ자 모양까지 조립한 후 아래판은 가조립으로 맞춰본다.

6 가운데 칸막이가 들어갈 공간을 일정한 간격으로 나눠 연필선을 표시한다.

7 이중기리와 피스 작업으로 옆판과 칸막이(두께 18㎜×가로 400㎜×세로 400㎜)를 상판 쪽에서부터 고정한다.

TIP 이중기리 작업 전에 반드시 목공본드를 먼저 발라주세요.

8 밑판을 덧대주고 이중기리와 피스 작업으로 튼튼하게 고정한다.

9 거실 티브이장 아래쪽 사각 모서리 부분에 브라켓을 피스로 고정한다.

10 브라켓형 원목다리를 중간 부분에 넣어 돌려준다.

11 뒤판을 덧대주고, 전기타카나 망치로 고정한다.

12 가운데 칸 벽 쪽으로 쫄대(두께 18㎜×폭 20㎜×길이 390㎜)를 고정한다.

4장_ 거실

13 선반을 올려준다.
14 피스로 인한 홈 자국은 메꿈이로 메워준다.

15 메꿈이가 건조되면 사포로 부드럽게 샌딩한다.
16 스테인(트루톤 내추럴 우드 스테인 라이트 월넛)을 스펀지 붓으로 전체 2회 칠한다.

17 스테인 건조 후 바니시(본덱스 수성 저광)를 2회 칠한다.
18 명찰꽂이와 손잡이를 문짝에 부착한다.

19 경첩을 이용해서 거실장 틀에 문짝을 고정한다.

TIP 가구 만들기에 사용된 나무는 직접 사이즈를 결정하고 재단 신청으로 구입했습니다. 작은 오차로 실수라도 난다면 가구 만들기 작업이 어려워지므로 신청하기 전 몇 번의 검토를 거쳐야 합니다. 칸을 나누고 문짝의 크기를 결정할 때에는 나무 두께 사이즈를 참고해서 정합니다.

055

철망 문이 달린
수납 선반장

삼나무의 은은한 향이 느껴지는 컨츄리풍의 철망 문 선반장입니다.
비어 있는 벽 공간을 멋스럽게 꾸며주어,
주방에 있는 식탁 위나 거실 벽면에 걸어두면 인테리어 효과도 볼 수 있습니다.

사용한 도구 충전드릴

사용한 재료 삼나무 집성목(두께 15mm×폭 130mm×길이 640mm-2개),
두께 15mm×폭 130mm×길이 210mm-2개), 중간 지지대(폭 115mm×길이 175mm-2개),
중간 선반(폭 115mm×길이 19mm), 철망 문짝(가로 180mm×세로 190mm),
페인트(벤자민무어 네츄라 southfield green HC 129),
스테인(벤자민무어 반투명 아보코트 스테인 fresh brew), 원목우드 손잡이, 목공본드

크기 가로 670mm×폭 130mm×높이 210mm

4장_ 거실

1 삼나무 집성목(두께 15mm×폭 130mm×길이 640mm, 두께 15mm×폭 130mm×길이 210mm) 2개로 ㄱ자 틀을 잡아준다.

2 연결부분을 피스로 고정해주며 ㅁ자 모양의 선반 틀을 만든다.

3 선반 틀을 일정한 간격으로 3등분한 후 중간 지지대(폭 115mm×길이 175mm)를 고정한다.

4 한쪽 편에는 중간 선반을 끼워 고정한다.

5 만들어진 철망 문틀에 경첩을 고정해서 선반장 한쪽에 달아준다.

6 스펀지에 스테인(벤자민무어 반투명 아보코트 스테인 fresh brew)을 적당량 묻혀 선반장 전체에 1회 칠한다.

7 원목우드 손잡이를 페인트(벤자민무어 네츄라 southfield green HC 129)로 2회 칠한 후 사포질을 약간 해순다.

8 철망 문에 우드 손잡이를 고정한다.

고방유리를 사용해서 만든
수제 가구

고방유리를 사용해서 만든 수제 가구입니다.
직접 만든 가구는 내가 사용하기 편하게
사이즈도 마음대로 정해서 만들 수 있다는 장점이 있지요.
유리문과 서랍이 달린 복고풍의 수납장을 소개합니다.

사용한 도구 파워 워크샵, 충전드릴, 직소기, 전기타카, 클램프, 스펀지, 실리콘건
사용한 재료 삼나무 집성목
- ㉠ 위 상판 : 두께 15mm × 가로 500mm × 세로 380mm
- ㉡ 상판, 선반 : 두께 15mm × 가로 400mm × 세로 300mm—4장
- ㉢ 문짝 패널 : 두께 15mm × 폭 70mm × 길이 570mm—2장, 두께 15mm × 폭 70mm × 길이 390mm—2장
- ㉣ 옆 지지대 패널 : 두께 15mm × 폭 35mm × 길이 900mm—8장
- ㉤ 가로 덧댄 패널 : 두께 15mm × 폭 35mm × 길이 240mm—8장
- ㉥ 서랍 : 두께 15mm × 가로 385mm × 세로 120mm—2장, 두께 15mm × 가로 290mm × 120mm—2장
- ㉦ 서랍 위아래 덧댄 패널 : 두께 15mm × 폭 35mm × 400mm—2장, 두께 15mm × 폭 70mm × 길이 400mm—2장
- ㉧ 뒤판 : 미송 합판(두께 4.8mm × 가로 460mm × 세로 840mm—1장)
스테인(트루톤 내추럴 우드 스테인 라이트월넛), 고방유리(손잡이닷컴 절단 주문), 보강 평철, 손잡이, 경첩, 실리콘, 목공본드

크기 가로 500mm × 폭 380mm × 높이 900mm

4장_ 거실

1 삼나무 집성목(두께 15㎜)을 준비한다.
2 파워 워크샵을 이용해 수납장을 만들 사이즈로 삼나무 집성목(두께 15㎜)을 재단한다.

3 패널과 패널 연결부분에 목공본드를 발라주고, 이중기리 작업 후 피스로 고정한다.
4 선반이 될 부분을 차례로 일정한 간격을 맞춰가며 조립한다.

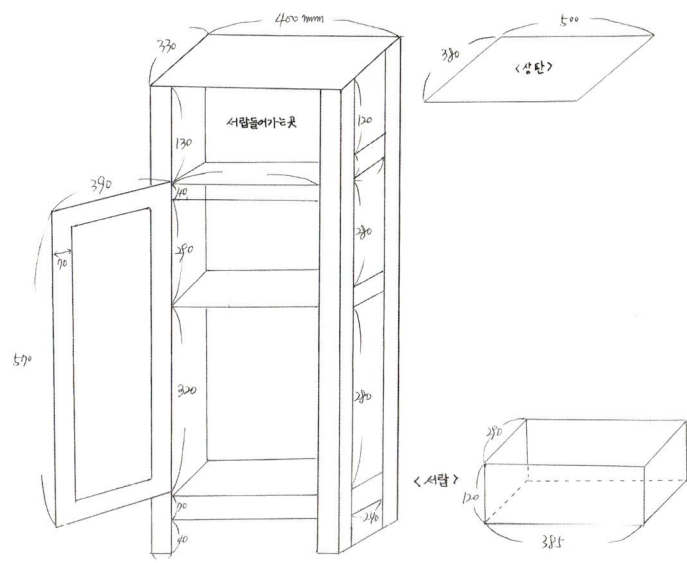

5 옆판을 올려주어 튼튼하게 고정한다.
6 뒤판은 미송 합판(두께 4.8㎜)으로 덧대준다.

7 폭이 좁은 삼나무 패널을 수납장 옆부분으로 덧대준다.

TIP 목공본드를 바르고, 클램프로 고정해주세요.

8 전기타카로 튼튼하게 고정한다.

9 옆부분에 덧댄 패널 사이에 가로로 패널을 덧대준다.
10 패널과 패널 연결 면에 목공본드를 발라준 후 피스로 고정한다.

11 네모난 서랍을 만든 후, 앞부분에 서랍 앞판 가리개로 패널을 덧대준다.
12 수납장 위 칸에 서랍이 들어갈 자리를 잡아주고 서랍 위, 아래로 패널을 덧댄다.

4장_ 거실

13 수납장 위에 삼나무 집성목(두께 15mm×가로 500mm×세로 380mm)을 상판으로 올린다.

TIP 목공본드를 발라주고 타카로 고정합니다.

14 수납장 앞부분으로 폭이 좁은 패널을 덧대준다.

15 직접 재단한 문짝 패널을 보강 평철로 이어 문틀을 만든다.

16 문짝이 사용될 부분에 만들어진 문틀 사이즈가 맞는지 확인한다.

TIP 패널과 패널 연결부분엔 목공본드를 발라주고, 타카로 고정해주세요.

17 스테인(트루톤 내추럴 우드 스테인 라이트 월넛)을 스펀지에 묻혀 3회 칠한다.

18 만들어진 문틀에 투명 실리콘을 발라주고, 고방유리를 끼운다.

TIP 고방유리를 끼운 후 하루 동안 움직이지 않고 그대로 둡니다.

19 문짝에 손잡이를 달아주고, 경첩을 이용해서 수납장에 부착한다.

TIP 가구를 만들 때에는 직접 재단한 나무로 틀을 잡기 전에 가조립을 먼저 해보는 것이 좋습니다. 피스 작업 전에 목공본드를 꼭 사용하여 튼튼하게 가구 조립을 해줍니다. 유리를 끼워줄 때는 투명 실리콘을 사용하고 유리를 얹어준 다음 유리 테두리 윗부분에 실리콘 마감을 한 번 더 해주어야 합니다. 실리콘이 굳기 까지는 보통 5~6시간 이상 걸리므로 하루 종일 굳혀주는 것이 좋습니다.

심플하면서도 깔끔한
문 리폼

오래된 문을 바꾸는 게 쉽지 않다면 리폼으로 새것을 만들어주세요.
유리를 달기 위해서 문을 뚫어준 뒤에 튼튼하게 버팀목을 박아주고
그 위에 유리를 달면 아주 멋진 문으로 리폼이 됩니다.
심플하면서도 깔끔한 스타일의 문은 새로 산 문보다도
개성 있고 특별한 문으로 탄생합니다.

사용한 도구 원형톱, 직소기, 전기타카, 붓, 실리콘건
사용한 재료 미송 합판 패널(두께 4.8mm), 삼나무 집성목(두께 15mm), 나왕쫄대(두께 10mm×폭 10mm), 페인트(벤자민무어 네츄라 white dove OC 17), 스테인(본덱스 수성 스테인 오크), 불투명 유리(가로 200mm×세로 420mm), 목공본드, 자동차번호판 싸인보드, 실리콘

4장_ 거실

1 사용하던 문을 떼면서 기존에 리폼했던 것들도 다 떼어낸다.
2 드릴비트로 구멍을 뚫은 뒤 직소기로 절단한다.

3 안에 나왕으로 된 기둥이 있어서 힘을 강하게 주고 뚫어준다.
4 뚫어진 문 옆쪽에 삼나무 패널(두께 15㎜×폭 45㎜)을 박아준다.

5 중간 부분에 나왕쫄대(두께 10㎜×폭 10㎜)를 박아준다.
6 미송 합판 패널(4.8㎜)에 목공본드를 바르고 타카로 쏘아준다.

7 문 테두리는 스테인(본덱스 수성 스테인 오크)을 칠해준 후 그 위에 실리콘으로 유리를 붙인다.
8 전체적으로 페인트(벤자민무어 네츄럴 white dove OC 17)를 2회 이상 칠한다.

TIP 마지막으로 자동차번호판 싸인보드를 박아주면 완성입니다.

자투리 각재로 만든
우유갑 데코소품

작업하다가 남은 자투리 각재를 버리지 않고 멋진 데코소품으로 재탄생시킨 우유갑은 주부의 알뜰함과 센스를 느낄 수 있지요. 단조로워 보이기 쉬운 곳에 포인트가 되어주는 아이디어 소품이랍니다.

사용한 도구 각도 톱질대, 톱질대 전용톱, 사포220방, 붓

사용한 재료 각재(두께 40mm×폭 40mm), 패널 자투리, 애플컨츄리 마더스빈티지 물감(피치, 베이비블루, 머스터드, 그린애플), 스탬프, 잉크, 목공본드

크기 가로 40mm×폭 40mm×높이 80mm(대), 가로 40mm×폭 40mm×높이 40mm(소)

4장_ 거실

1 가로 40mm×세로 40mm의 자투리 각목을 준비한다.
2 각도 톱질대로 45도가 되게 톱질해서 절단한다.

3 입구가 될 부분은 평평하게 톱질한다.
4 우유갑 입구가 될 부분은 자투리 패널로 가로 40mm×높이 80mm가 되게 절단해준다.

5 완성된 우유갑을 사포질해서 깔끔하게 표면을 다듬어준다.
6 물감(애플컨츄리 마더스빈티지 물감-피치, 베이비블루, 머스터드, 그린애플)을 2회 정도 칠하면 색상이 예쁘게 살아난다.

7 물감 건조 후 우유갑 입구 부분을 목공본드로 붙여준다.
8 멋을 내기 위해서 스탬프도 찍어준다.

TIP 우유갑 입구에 날짜가 찍히는 스탬프를 찍어주면 훨씬 더 멋스러워요. 페인팅을 마친 뒤 사포질을 해주면 빈티지 느낌의 우드 우유갑을 연출할 수 있습니다.

비비드한 노란 색상의
레트로 테이블

비비드한 노란 색상의 레트로 테이블은 거실 인테리어의 포인트가 되어줍니다.
전체적으로 화이트 톤인 거실에 노란 색상의 레트로 테이블은
상큼하면서도 싱그러움을 선사해주는 색다른 테이블이랍니다.

사용한 도구 충전드릴, 스펀지 붓
사용한 재료 다이야 놀자 레트로 서랍테이블,
페인트(벤자민무어 리갈 citrus blast 2013-30), 스테인(본덱스 수성 스테인 엔틱 브라운)
크기 가로 900㎜ × 폭 400㎜ × 높이 750㎜

4장_ 거실

1 반제품으로 된 레트로 테이블을 준비한다.
2 다리 연결 코너 브라켓을 연결해서 드릴로 박는다.

3 지지대와 다리를 연결해준다.
4 다리 4개를 연결해주면 완성.

5 하도색으로 스테인(본덱스 수성 스테인 엔틱 브라운)을 본체와 다리에 2회 칠한다.
6 본체와 다리를 브라켓으로 연결한다.

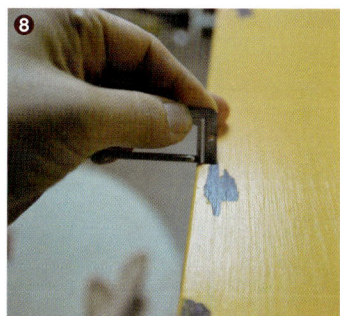

7 상도색으로 페인트(벤자민무어 리갈 citrus blast 2013-30)를 2회 이상 칠해준다.
8 빈티지 느낌을 살리기 위해서 상도색을 벗겨낸다.

TIP 하도색을 바른 뒤 초를 칠하고, 상도색을 바른 뒤 초를 칠한 부분을 살살 긁어만 줘도 상도색이 잘 벗겨져요.

평범해 보이지만 아이디어 상품인
신발장 리폼

기존에 있던 신발장 위에 미송 각재를 덧대서
칸을 만들고 문을 달아주니 새로운 공간이 탄생했답니다.
신발장 문도 미송 합판 패널로 덧댄 뒤 페인팅해주었어요.
높은 곳은 자주 사용하지 않는 신발이나 처치 곤란인
물건들을 수납할 수 있어 공간 활용에 많은 도움을 줍니다.

before

사용한 도구 원형톱, 충전드릴, 전기타카, 사포180방, 토치
사용한 재료 미송 각재(두께 30㎜×폭 30㎜), 낙엽송, 미송 합판 패널(두께 4.8㎜), 페인트(삼화홈스타 로즈데일크림), 핸디코트, 꽈배기 손잡이, 명찰 손잡이, 목공본드

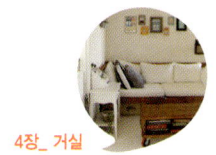

4장_ 거실

1 미송 각재(두께 30mm×폭 30mm)를 사다리처럼 벽에 붙인다.
2 기존에 다른 곳에서 사용하던 장을 위에 올려주고 벽의 기둥이 된 각재와 연결한다.

3 MDF판을 사다리 위에 올리고 피스로 박아준다.
4 벽 전체에 핸디코트를 바른다.

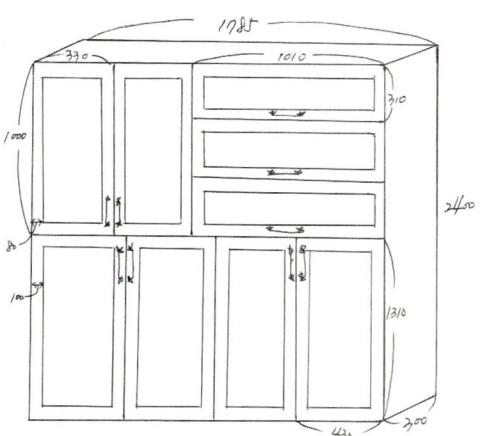

5 낙엽송은 문 크기(가로 310mm×세로 1010mm)에 맞게 원형톱으로 절단하고 가조립한다.

6 5번 위로 미송 합판 패널을 목공본드로 붙이고 피스로 단단하게 고정한다.

7 토치로 거친 낙엽송을 전체적으로 그을려준다.

8 거친 부분을 없애고 매끄럽게 하기 위해서 사포질을 해준다.

9 페인트(삼화홈스타 로즈데일크림)를 2회 정도 바른다.

10 세로 칸마다 기둥을 박고 문을 경첩으로 달아준다.

4장_ 거실

11 기존의 신발장 문에 목공본드를 칠하고, 미송 합판 패널(두께 4.8㎜)을 타카로 박아준다.

12 전체적으로 신발장 테두리만 미송 합판 패널을 박아준다.

13 신발장에 페인트(삼화홈스타 로즈데일크림)를 바른다.

14 꽈배기 손잡이와 명찰 손잡이를 달아준다.

> **TIP**
> 지지대를 만들기 위해서 미송 각재를 벽에 붙일때에는 미리 드릴비트로 구멍을 내주고 80㎜의 척제피스로 박아서 벽에 고정하는 것이 중요합니다. 입이 크기에 맞춰 문을 만들어서 달아야 하기 때문에 정확하게 사이즈를 재는 것도 중요합니다. 나무는 낙엽송을 사용했는데 원목이라서 뒤틀림이나 수축, 팽창이 우려되니 크기를 정사이즈로 만들지 말고 조금 작게 만드는 것이 중요합니다.

심플하면서도 빈티지한
북유럽풍 거실 액자

반제품으로 된 액자, 미송 각재를 절단해서 만든 액자,
크기도 다양하고 만드는 기법도 다양한 액자들을 모아서
여러 색상으로 페인팅을 해주었어요.
북유럽풍 느낌이 물씬 나는 거실 액자로
허전한 벽에 포인트를 주기에 아주 적합합니다.

사용한 도구 원형톱, 충전드릴, 건타카, 집게형 샌더기, 사포220방, 토치
사용한 재료 거친 나무(두께 20㎜),
애플컨츄리 마더스빈티지 물감(머스터드, 피치, 베이비블루),
스테인(트루톤 내추럴 우드 스테인 라이트월넛), 빈티지그림
크기 가로 270㎜ × 폭 20㎜ × 높이 220㎜

4장_ 거실

1 거친 나무(가로 270mm×폭 20mm×세로 220mm) 크기에 맞춰서 원형톱으로 절단한다.
2 토치로 나무를 태워준다.
TIP 거친 나무를 토치로 태우면 표면이 자연스러워집니다.

3 태워진 나무에 집게형 샌더기로 사포질을 해준다.
4 드릴로 피스를 박아준다.
TIP 옆에서 양쪽으로 박아줍니다.

5 물감(애플컨츄리 마더스빈티지 물감-머스터드, 피치, 베이비블루)과 스테인(트루톤 내추럴 우드 스테인 라이트월넛)을 각각 2회 칠해준다.
6 액자 틀 뒤쪽에서 빈티지그림을 건타카로 붙인다.

7 캔 따개를 재활용해서 고리로 달아준다.
8 거실 벽면에 피스로 박는다.
TIP 다양한 액자들을 한자리에 모아서 거실 벽을 장식했답니다.

쓰임새 많은 18칸 수납 서랍장

틈틈이 모아 두었던 홍삼 상자를 이용해 쓰임새 많은 18칸 수납 서랍장을 만들어 보았습니다. 삼나무로 테두리를 만들고 빈티지한 손잡이를 달아주었더니 짱짱한 느낌의 빈티지 가구로 변신했어요. 매장에서 버려지기 쉬운 홍삼 상자지만, 리폼머들에겐 아주 유용한 리폼 재료랍니다. 서랍 안에는 리폼 재료나 바느질 재료들을 수납하면 좋습니다.

사용한 도구 충전드릴, 전기타카, 수동샌더기, 톱, 스펀지

사용한 재료 삼나무 집성목(두께 15mm×가로 520mm×세로 270mm-2장), 두께 15mm×가로 365mm×세로 270mm-7장), 서랍 앞판(두께 15mm×가로 120mm×세로 65mm-18장), 미송 합판(두께 4.8mm×가로 400mm×세로 520mm), 홍삼 상자 18개, 스테인(트루톤 내추럴 우드 스테인 다크월넛), 목다보, 목공본드, 미니 손잡이 18개

크기 가로 400mm×폭 300mm×높이 520mm

4장_ 거실

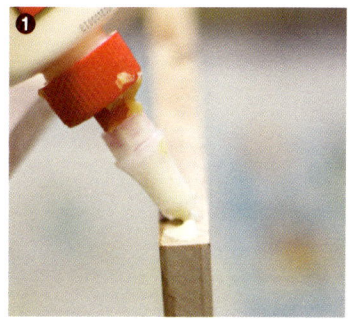

1 절단 신청한 삼나무 집성목(두께 15mm× 가로 520mm×세로 270mm와 두께 15mm×가로 365mm×세로 270mm) 연결부분에 목공본드를 바른다.

2 ㄷ자 모양으로 삼나무를 조립한 후, 일정한 간격에 맞춰 선반이 될 삼나무를 고정한다.

TIP 목공본드 사용 후 피스로 고정해주세요.

3 옆판이 될 나무를 올려준다.
4 이중기리로 피스 구멍을 뚫는다.

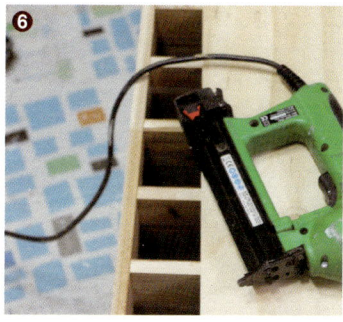

5 기리 구멍으로 피스를 고정한다.
6 미송 합판(두께 4.8mm×가로 400mm×세로 520mm)을 뒤판으로 올려준 후, 타카로 고정한다.

7 홍삼 상자 앞쪽에 덧대줄 패널(두께 15mm×가로 120mm×세로 65mm)을 절단해서 수동샌더기로 살짝 밀어준다.
8 스테인(트루톤 내추럴 우드 스테인 다크월넛)을 스펀지에 묻혀 1회 칠한다.

9 홍삼 상자 뚜껑을 제거한다.
10 8번의 준비한 나무에 목공본드를 발라주고, 홍삼 상자 앞쪽에 덧붙인다.

11 홍삼 상자 안쪽에서 피스로 고정해준다.
12 서랍장 외부의 깊게 파인 피스 자국은 목다보로 가려준다.

TIP 깊게 패인 홈 안은 목공본드로 짜 넣고 목다보를 끼워줍니다.

13 튀어나온 목다보는 톱으로 자른다.
14 사포220방으로 남아 있는 나무 찌꺼기를 깔끔하게 샌딩한다.

15 서랍장 전체에 스테인(트루톤 내추럴 우드 스테인 다크월넛)을 2회 칠한다.
16 홍삼 상자의 서랍 앞쪽에 미니 손잡이를 피스로 고정한 후 서랍장에 넣어준다.

안 쓰는 책장과 다리를 이용해서 만든
레트로 우드 캐비닛

보기에는 리폼 전을 상상할 수 없었던 레트로 캐비닛입니다.
안 쓰는 책장을 직소기로 잘라서 4칸을 만들고
스프러스 판재에 구멍을 내서 캐비닛 느낌이 나게 했습니다.
나무로 철제 느낌을 주고 싶어서 투톤으로 칠하고
빈티지 느낌을 살린 우드 캐비닛입니다.

before

사용한 도구 원형톱, 직소기, 전기타카, 드릴비트, 전동샌더기, 충전드릴, 딱풀, 못
사용한 재료 스프러스 판재(두께 18㎜×폭 230㎜×길이 430㎜),
미송 합판 패널(두께 15㎜×폭 90㎜×길이 100㎜), 페인트(벤자민무어 white dove OC 17),
스테인(벤자민무어 반투명 스테인 아보코트 oxford brown 70), 우드 손잡이, 네임플레이트,
영자신문, 목공본드
크기 가로 905㎜×폭 270㎜×높이 865㎜

1 안 쓰고 있는 다리를 15도가 되게 원형톱으로 절단한다.

2 미송 합판 패널(두께 15mm×폭 90mm)을 가로 100mm×세로 90mm로 절단한 뒤에 다리와 연결한다.

3 미송 합판 패널이 바닥으로 가게 드릴로 박는다.

TIP 이때 목공본드는 꼭 발라주세요.

4 피스를 박아주고 목공본드가 굳도록 반나절 동안 거꾸로 둔다.

4장_ 거실

5 제대로 세운 후 스프러스 판재(두께 18mm×폭 230mm×길이 430mm)를 문 사이즈에 맞게 가조립한다.

6 스프러스 판재에 드릴비트로 구멍을 내는데 미리 연필로 선을 그어준다.

7 직소기로 구멍을 내면서 우드캐비닛 느낌이 나도록 해준다.

8 1번에서 절단한 나무를 전동샌더기로 표면을 깔끔하게 벗겨낸다.

9 하도색으로 스테인(벤자민무어 반투명 스테인 아보코트 oxford brown 70)을 스펀지로 칠한다.

10 우드 손잡이를 달아준다.

11 상도색으로 페인트(벤자민무어 white dove OC 17)를 2~3회 칠한다.

12 영자신문을 딱풀로 미리 붙여준 뒤에 네임플레이트를 못으로 박아준다.

TIP 빈티지 느낌을 내기 위해 사포질을 해서 완성합니다.

064

빈티지함이 물씬 풍기는
캐비닛 느낌의 수납장

짙은 월넛색의 수납장에 패널 문짝을 달아서 사용하던 수납장입니다.
원목으로도 철제 느낌을 표현할 수 있다는 것을 보여주기 위해
직소기로 삼선 줄을 잘라주고, 빈티지 페인팅 기법을 응용하여
철제 캐비닛 느낌으로 만들었습니다.
처음 시도하는 삼선 줄을 자르는 작업이라,
삐뚤삐뚤 허술하긴 하지만 이것 또한 리폼의 매력이 아닐까 합니다.

사용한 도구 충전드릴, 직소기, 목재용비트, 커터칼, 연필, 자, 사포220방
사용한 재료 삼나무 집성목(두께 18㎜×가로 260㎜×세로 1200㎜), 스펀지, 브라켓 원목다리 4개, 페인트(벤자민무어 리갈 iced green 673), 스테인(벤자민무어 반투명 아보코트 oxford brown 70), 문고리, 경첩
크기 가로 530㎜×폭 265㎜×높이 1300㎜(다리 포함)

4장_ 거실

1 리폼해서 사용하던 화이트 수납장.
2 기존 문짝을 수납장에서 떼어낸다.

3 삼나무 집성목(두께 18㎜×가로 260㎜×세로 1200㎜)을 문짝 사이즈만큼 절단해서 연필로 구멍 낼 곳을 표시한다.

4 목재용비트로 연필선 가장자리 부분에 구멍을 내준다.

TIP 구멍을 뚫을 때 두꺼운 나무판을 아래에 받쳐두고 작업하면 비트 날이 바닥을 뚫는 현상을 막을 수 있어요.

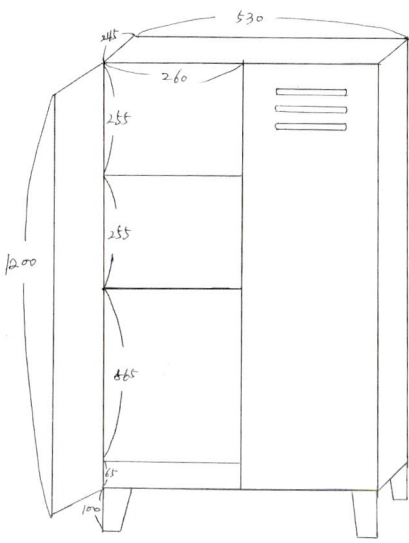

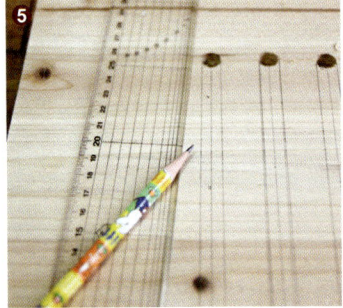

5 구멍 테두리 부분으로 다시 연필 선을 긋는다.
6 구멍 끝부분 선을 따라 직소기 작업을 한다.

7 거칠게 나온 나뭇결은 사포220방으로 말끔히 정리한다.
8 하도색으로 스테인(벤자민무어 반투명 아보코트 oxford Brown 70)을 1회 칠한다.

9 상도색으로 페인트(벤자민무어 리갈 iced green 673)를 2회 칠한다.

TIP 문짝과 수납장 몸통 페인팅 작업을 함께 해줍니다.

10 페인팅 건조 후 커터칼을 사용해서 테두리 부분을 살짝 긁어내듯 벗겨준다.

4장_ 거실

11 브라켓을 수납장 아래 사각 모서리 부분에 피스로 고정해준다.

12 원목다리를 살살 돌려서 고정한다.

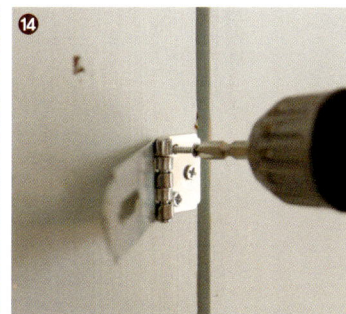

13 경첩을 사용해서 문짝을 수납장에 부착한다.

14 문고리를 문짝 중앙 부분에 부착해 준다.

> **TIP** 나무를 절단할때 사용하는 공구들은 각별히 안전에 신경써야합니다. 순식간에 사고가 일어날 수 있으므로 집중해서 사용해 주셔야 돼요. 삼나무 재단 후 잘라진 단면에 일어난 거친 나뭇결은 사포로 부드럽게 밀어주는 것이 좋습니다.

5장

욕실

그리스 산토리니를 닮은 욕실

언제나 로망으로 자리한 그리스 산토리니의 파란 색상을 욕실로 옮겼습니다. 더운 여름에 아주 시원해 보이는 인테리어 효과가 대만족이랍니다. 건식 욕실로 만들어서 욕실에서도 휴식을 취할 수 있는 색다른 공간으로 재탄생했습니다. 건식 마루에 잠시 누워있으면 삼림욕은 물론이고 시원함까지 느낄 수 있습니다.

065

유럽여행하는 기분이 느껴지는
욕실 벽

벽은 그리스의 산토리니 느낌으로 마감하고, 파리의 에펠탑으로 그래픽스티커를 붙여주면 개성 있는 욕실이 탄생합니다.
욕실은 늘 물이 있는 공간이라서 물에 강한 워셔블 핸디코트로 마감한 뒤 욕실용 아우라 페인트로 전체적으로 조화가 이뤄질 수 있게 페인팅합니다.
바니시로 3회 정도 마감해주면 물에도 거뜬한 욕실 벽이 완성됩니다.

before

사용한 도구 드릴, 붓, 고무헤라, 트레이, 커버링 테이프
사용한 재료 핸디코트(외부용 퍼티),
페인트(벤자민무어 아우라 white dove OC 17, 벤자민무어 아우라 brilliant blue 2065-30),
바니시(벤자민무어 고광), 경첩

5장_ 욕실

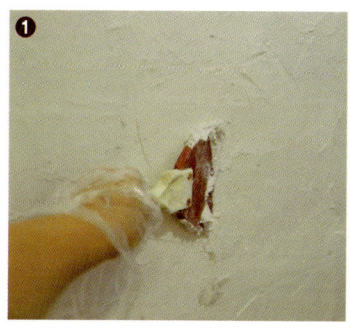

1 욕실 벽타일 위에 핸디코트 외부용을 꼼꼼히 바른다. 타일 사이의 줄눈제 때문에 1회 바르고 다 마르면 1회 더 바른다.
2 페인트를 트레이에 칠할 만큼 따른다.

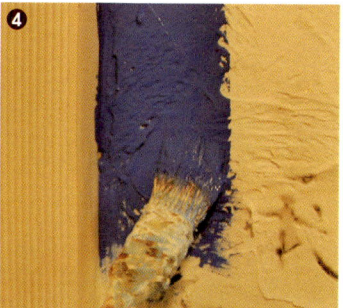

3 욕실 벽에 페인트(벤자민무어 아우라 white dove OC 17)를 2~3회 꼼꼼하게 칠한다.
4 다른 벽에 페인트(벤자민무어 아우라 brilliant blue 2065-30)를 칠한다.

5 페인트가 다 마르면 바니시(벤자민무어 고광)를 2회 꼼꼼히 칠해준다.
6 프로방스 창문을 만들어주기 위해서 낙엽송으로 창문을 만든다.

7 페인트(벤자민무어 아우라 brilliant blue 2065-30)를 2회 칠한다.
8 유리창 옆에 경첩을 달아서 박는다.

에티켓까지 생각한
욕실 문 리폼

욕실 내부와 통일감을 주기 위해서 문도 블루와 화이트로 조화를 이루게 리폼했습니다.
문을 뚫어서 스테인드글라스를 붙여주니 훨씬 더 멋스런 욕실 문으로 탄생했답니다.
욕실 안에 들어가지 않아도 문만 보면 어떤 느낌의 인테리어가 있을지 호기심을 자극합니다.
욕실 안에서 보이는 불빛으로 노크를 하지 않고도 사용 유무를 알 수 있으니
숨은 에티켓까지 생각한 문이랍니다.

사용한 도구 드릴, 직소기, 타카, 홀쏘
사용한 재료 미송 합판 패널(두께 4.8mm×폭 100mm),
삼나무 집성목 패널(두께 15mm×폭 45mm), 나왕쫄대(두께 10mm×폭 10mm),
이니셜몰딩, 페인트(벤자민무어 아우라 white dove OC 17)

before

5장_ 욕실

1 문짝을 떼어서 유리 창문을 달 부분에 홀쏘로 구멍을 낸다.

2 구멍이 난 부분을 시작으로 하여, 직소기로 유리창이 달릴 부분을 절단한다.

3 문을 뚫어주니 속이 다 보인다. 중간 중간 버팀목이 있는 부분은 미리 표시를 해준다.

4 구멍 난 욕실문 크기에 맞게 집성목 패널(두께 15mm×폭 45mm)로 유리 창문틀을 만든 뒤 창틀 뒤쪽에 나왕쫄대(두께 10mm×폭 10mm)를 타카로 박아서 유리 창문 버팀목을 만들어준다.

5 4번의 유리 창틀을 3번 과정에서 표기된 버팀목 부분에 타카로 박아서 고정한다.

6 문의 뒷면도 삼나무 집성목 패널(두께 15mm×폭 45mm)로 크기에 맞게 타카로 붙인다.

7 문틀 주변은 미송 합판 패널(두께 4.8mm×폭 100mm)로 박아주고 페인트(벤자민무어 아우라 white dove OC 17)로 2회 칠한다.

8 미리 만들어둔 스테인드글라스 유리창을 창틀에 끼워주고 타카로 박는다.

9 이니셜몰딩을 붙인 나무판을 유리 창문 아래에 박는다.

TIP

유리를 달기 위해서 구멍을 뚫을 때에는 홀쏘를 이용하여 구멍을 내면 작업하기가 훨씬 더 편리하답니다. 구멍을 뚫기 전에 달아야 할 유리 창문의 사이즈를 생각하면서 구멍을 내야 하며 유리 창문을 끼워준 뒤에 튼튼하게 고정해주어야 합니다.

067 휴식 공간으로 탄생한
건식과 습식 욕실

삼나무 데크재로 만든 건식 욕실은 물이 너무 많이 닿으면
곰팡이가 생길 확률이 높아지기 때문에 물이 닿지 않는 부분에는
건식으로 만들고 샤워 커튼으로 분리해줍니다.
습식 욕실은 물에 강한 오비스기를 이용해서 데크재를 깔아줍니다.

before

사용한 도구 드릴, 원형톱, 직소기, 붓

사용한 재료 불투명 스테인(벤자민무어 아보코트 white dove OC 17),
스테인(벤자민무어 투명 스테인 아보코트), 스테인(벤자민무어 고리 스테인 오크),
바니시(벤자민무어 고광), 고무받침
건식용 : 삼목 데크재(두께 21mm×폭 120mm×길이 3580mm-8개),
웨스턴 레드시다 적삼목 각재(두께 35mm×폭 35mm×길이 2380mm-5개)
습식용 : 오비스기 데크재(두께 21mm×폭 90mm×길이 3980mm-4개),
레드시다 적삼목(두께 18mm×폭 45mm×길이 1500mm-2개)

5장_ 욕실

1 우선 습식용 데크재를 만들어준 후 물에 강한 오비스기 데크재(두께 21mm×폭 90mm×길이 3980mm)를 길이 900㎜가 되게 원형톱으로 절단한다.

2 900㎜로 절단한 데크재 위에 레드시다 적삼목(두께 18㎜×폭 45㎜×길이 1500㎜)을 바닥에 박는다.

TIP 물이 빠져 나갈 수 있도록 1cm 정도 띄워서 박습니다.

3 나무가 물이 있는 바닥에 닿지 않도록 고무받침을 바닥에 박아준다.

4 크기가 가로 900㎜×세로 600㎜가 되게 만들어준다.

5 4번을 3개 만들어서 가로 900㎜×세로 1900㎜가 되게 한다.

6 불투명 스테인(벤자민무어 아보코트 white dove OC 17)을 3회 페인팅한 후 투명 스테인(벤자민무어 아보코트)을 2회 페인팅하고, 바니시(벤자민무어 고광)를 2회 칠해준다.

208 • 209

7 건식용 데크재로 삼목 데크재(두께 21mm×폭 120mm×길이 3580mm)를 길이 1500mm로 10개를 절단한 뒤 붙여서 박는다.

8 바닥 각재는 웨스턴 레드시다 적삼목 각재(두께 35mm×폭 35mm×길이 2380mm)를 데크재 상판에서 박고, 고무바닥도 물에 닿지 않게 각재에 박는다.

9 건식 데크재를 가로 1500mm×세로 1900mm 크기로 만든다.

10 스테인(벤자민무어 고리 스테인 오크)을 3회 칠해주고, 바니시(벤자민무어 고광)를 2회 칠한다.

11 변기통이 있는 부분은 크기에 맞춰서 직소기로 절단해 데크재를 만든다.

12 건식용은 오크, 습식용은 화이트 도브 색상으로 구분하고, 샤워할 때는 샤워 커튼으로 구분한다.

> **TIP** 건식으로 된 데크재는 되도록 붙여서 박아주고 습식 데크재는 물이 빠져나가기 쉽게 공간을 많이 내서 박아줍니다. 바닥에 고무받침을 박아주면 나무가 물에 닿는 면이 최소화되어 나무가 쉽게 썩지 않습니다. 물에 강해야하는 습식 데크재는 불투명 스테인과 투명 스테인, 바니시로 여러 번 마감을 해서 물에 대한 저항력을 길러주는 것이 중요합니다.

수건을 많이 수납할 수 있는
고방유리 수건장

보통의 수건장보다도 훨씬 더 크게 만들어서 많은 수건을 수납할 수 있고, 오른쪽에는 수납공간을 마련해서 욕실용품을 수납하기에 편리한 수건장입니다. 고방유리를 달아서 안에 있는 수건이 비치지 않아요. 타일 위에 미송 각재를 지지대로 튼튼하게 박고 수건장을 달아주는 것이 포인트랍니다.

사용한 도구 원형톱, 드릴, 직소기, 클램프, 실리콘건

사용한 재료 삼나무 집성목 패널(두께 15mm×폭 120mm), 페인트(벤자민무어 네츄라 white dove OC 17), 합판, 고방유리, 손잡이, 경첩, 목공본드, 꺽쇠, 실리콘

크기 가로 940mm×폭 195mm×높이 650mm

1 삼나무 집성목 패널(두께 15㎜×폭 120㎜)을 폭이 195㎜가 되게 절단한 뒤 목공본드를 발라서 붙인다.

2 1번의 나무를 고정해 잘 굳게 하기 위해서 클램프로 조여준다.

3 삼나무 집성목 패널(두께 15㎜×폭 120㎜)을 가로 740㎜×세로 650㎜로 수건장 틀을 만들고 피스로 박아준다.

4 높이 210㎜가 되게 칸 3개를 만들어준 뒤 옆면에서 피스로 박는다.

5 뒤판은 건타카를 사용해서 합판을 붙인다.

6 수건장 본체 완성.

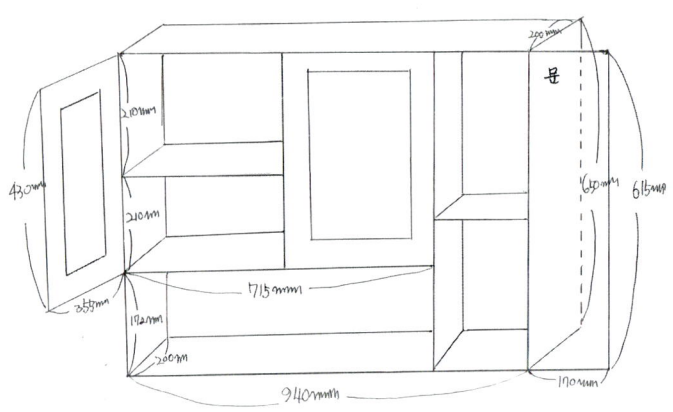

5장_ 욕실

7 샴푸장은 가로 190mm×폭 195mm×높이 650mm 크기로 만들어서 ㄱ자 꺽쇠를 이용해 수건장 옆에 붙인다.

8 페인트(벤자민무어 네츄라 white dove OC 17)를 2회 칠해준다.

9 유리창 틀은 삼나무 문짝 패널로 만들고, 그 위에 고방유리를 실리콘으로 붙여준다.

10 유리 창문도 페인트(벤자민무어 네츄라 white dove OC 17)를 칠해준다.

11 타일 위에 각목으로 버팀목을 붙여준다.

12 다 만든 수건장을 ㄱ자 꺽쇠를 이용하여 버팀목에 붙여서 고정한다.

069

스테인드글라스 물감으로 표현한
유리 창문

스테인드글라스 느낌이 나는 전용물감으로
직접 손으로 그려서 만든 핸드메이드 유리 창문이랍니다.
반투명 유리 위에 그려진 스테인드글라스는
개성 있는 표현을 가능하게 해주어
세상에 하나밖에 없는 특별한 유리 창문이 됩니다.

사용한 도구 각도기, 각도기용 톱, 건타카, 타카, 커터칼, 철자, 실리콘건, 붓
사용한 재료 삼나무 합판 패널(두께 15㎜×폭 120㎜),
페인트(벤자민무어 네츄라 brilliant blue 2065-30), 스테인(본덱스 스테인 엔틱 브라운),
스테인드글라스 물감, 사인펜, 목공본드, 초, 면봉, 실리콘

5장_ 욕실

1 각도기와 톱을 이용해 45도 각도로 절단한다.

2 삼나무 합판 패널(두께 15mm×폭 120mm)을 가로 385mm×세로 400mm가 되게 절단해 준다.

3 붙일 부분에 목공본드를 바른다.
4 뒷면은 건타카로 박는다.

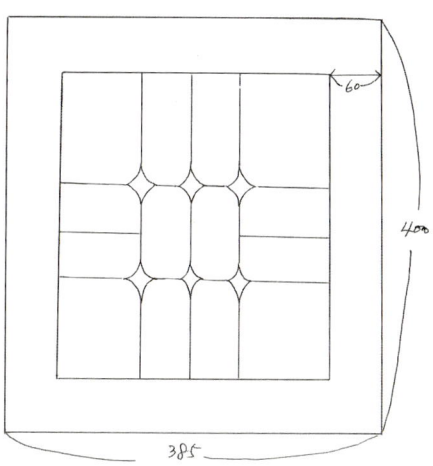

214 • 215

5 옆면에서 타카로 쏘아 고정한다.
6 완성된 문짝 패널에 하도색으로 스테인(본덱스 스테인 엔틱 브라운)을 1회 페인팅 한다.

7 6번에 적당한 곳을 골라 초를 칠하고, 상도색으로 페인트(벤자민무어 네츄라 brilliant blue 2065-30)를 2회 칠한다.
8 초를 칠한 곳은 철자를 이용해서 긁어내면 빈티지한 유리 창문이 완성된다.

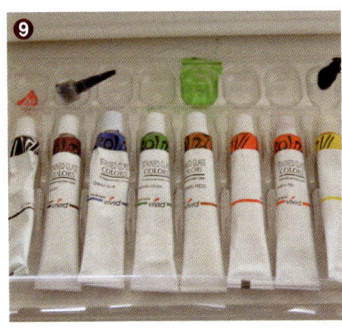
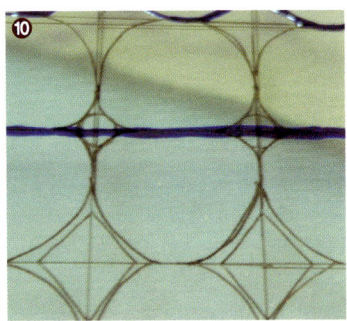

9 스테인드글라스 물감을 준비한다.
10 유리를 실리콘으로 붙인 후 유리 위에 사인펜으로 밑그림을 그리고 스케치한다.

TIP 사인펜은 수성이라서 나중에 지워져요.

5장_ 욕실

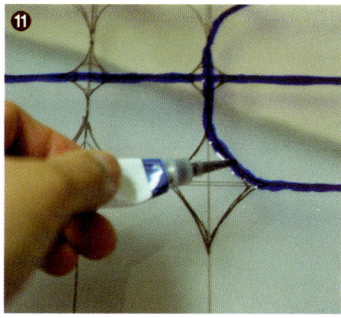

11 스테인드글라스 물감 파란색으로 테두리를 그린다.
12 스테인드글라스 물감이 다 굳어지면 화장지로 사인펜 밑그림을 지운다.

13 물감이 튀어 나온 부분은 커터칼로 다듬는다.
14 면봉을 이용해 테두리 안에 빨강, 노랑, 주황색의 스테인드글라스 물감을 펴 바른다.

> **TIP**
> 스테인드글라스 작업할 때 가장 중요한 것은 밑그림을 그리는 것입니다. 그다음 테두리 그림을 그릴 때 삐져나오지 않도록 조심스럽게 선을 그어주고, 석사 삐져나왔어도 다 굳은 뒤에 커터칼로 다듬어주면 원하는 테두리 선을 완성할 수 있습니다. 시간이 오래 걸려서 작업을 완성하려면 이틀 정도 소요되니 마음의 여유를 갖고 도전하는 것이 중요합니다.

곡선으로 세련미를 살린
세면장

상판 타일을 알록달록한 미스트랄 타일로 마감해서 단조로움을 피하고
세면볼의 심플함과 곡선으로 세련미를 살린 세면장이랍니다.
필요한 모든 재료들을 직접 발품 팔아서 구입한 세면대라서 더욱 더 특별하지요.

사용한 도구 충전드릴, 전기타카, 원형톱, 젖은 걸레, 붓

사용한 재료 세면볼, 수전(동네 타일가게에서 구입),
미송 각재(두께 30mm×폭 60mm), 삼나무 루바(두께 10mm×폭 100mm),
스프러스 판재(두께 19mm×폭 235mm), 미스트랄 타일(가로 100mm×세로 100mm),
파덱스PL50본드, 줄눈제, 페인트(벤자민무어 네츄라 white dove OC 17),
바니시(벤자민무어 저광), 경첩, 손잡이

5장_ 욕실

1 미송 각재(두께 30mm×폭 60mm)를 가로 650mm ×세로 790mm×폭 465mm로 만든 후 삼나무 루바(두께 10mm×폭 100mm)를 안에서 박는다. 상판은 스프러스 판재(두께 19mm×폭 235mm)를 가로 695mm×세로 500mm 크기로 절단해서 박는다.

2 수전은 40mm, 세면볼은 50mm 크기로 들어갈 자리에 미리 직소기로 구멍을 낸다.

3 수전과 세면볼을 구멍에 넣고, 세면대 아랫부분에서 물 내려가는 호스와 연결해준다.

4 미스트랄 타일(가로 100mm×세로 100mm)에 파덱스PL50본드를 발라 상판에 타일을 빼곡히 붙인다.

5 줄눈제로 틈이 난 부분을 꼼꼼하게 바른다.

6 걸레로 줄눈제를 2~3회 닦는다.

7 줄눈제에 바니시를 바른다.

8 세면장 문은 스프러스 판재(두께 19mm×폭 235mm)로 절단한 뒤 각재를 버팀목으로 해서 안쪽에서 달아준다.

9 경첩으로 문과 손잡이를 달고, 페인트(벤자민무어 네츄라 white dove OC 17)로 2회 칠한다.

071

파리의 에펠탑 그래픽스티커로 욕실 벽 꾸미기

욕실에 들어올 때마다 파리에 여행온 듯한 느낌을 살리기 위해서 그래픽스티커를 욕실 벽에 붙여줬답니다.
그래픽스티커 작업을 하려면 벽을 다른 면보다 조금 더 부드럽게 해야 편리합니다.
그림이 크니 순서대로 잘 정렬해서 붙여주세요.

before

사용한 도구 밀대
사용한 재료 페인트(벤자민무어 네츄라 white dove OC 17), 바니시(벤자민무어 저광), 상상후 에펠탑 그래픽스티커, 보조시트지

5장_ 욕실

1 기존에 만들어놓은 스텐실 작품을 페인트(벤자민무어 네쥬라 white dove OC 17)로 2~3회 칠해서 그림을 가려준다.
2 화이트 색상으로 깔끔하게 완성되면 바니시(벤자민무어 저광)로 마감한다.

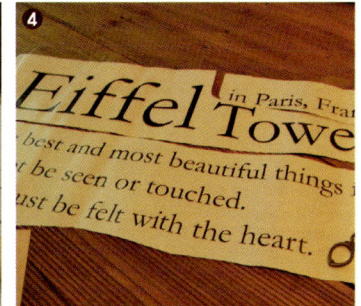

3 상상후 에펠탑 그래픽스티커를 보조 시트지에 붙인다.
4 원하는 그림을 오려서 준비한다.

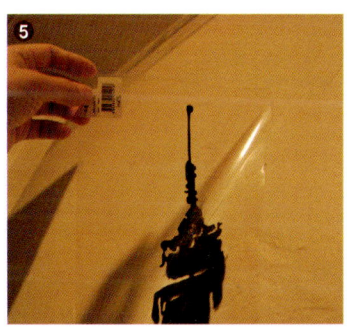

5 그래픽스티커를 원하는 곳에 붙인다.
6 밀대로 밀어서 그래픽스티커가 잘 붙게 밀어준다.

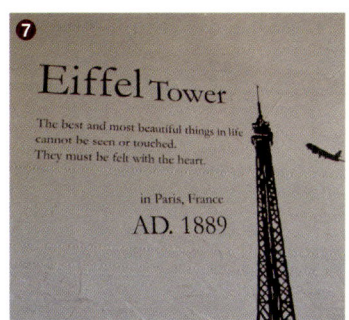

7 레터링 글씨도 예쁘게 붙인다.

072

불이 켜지면서 기포가 생기는
쇼콜라 욕실 등

어느 유럽 거리를 걸으면 나올 법한 고풍스러우면서도 멋스러운
쇼콜라등은 유리에 기포가 있어서 더욱 더 색다른 욕실 등이랍니다.
불이 켜지면서 생기는 기포를 보는 재미도 있습니다.
분위기 있는 욕실 등이 기분까지 바꿔주네요.

사용한 도구 충전드릴, 펜치, 검정 테이프
사용한 재료 공간조명 쇼콜라1등

5장_ 욕실

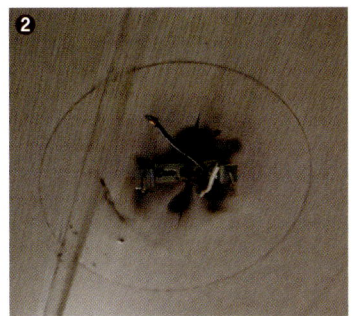

1 쇼콜라1등을 분해해서 준비한다.
2 전기 차단기를 내린 후 기존 등을 떼고 지지대를 먼저 박는다.

3 전선을 연결한다.
4 연결된 전선에 캡을 씌우고 지지대와 연결한다.

5 등을 끼우고 유리를 끼운다.
6 유럽식 스타일의 등 완성.

TIP 기존에 있던 욕실 등이 천장에 붙어 있어 안전사고 위험이 느껴져서 눌어뜨리는 욕실 등으로 교체해봤답니다. 등 교체를 할때에는 차단기를 내리고 충전용 드릴을 사용해야하며, 설명서를 자세히 보고 따라해야합니다. 전기를 잘 다루는 분이 아니라면 기술자의 힘을 빌려서 교체하세요.

6장

베란다

학창시절의 추억을 떠올리게 하는 베란다

베란다는 커피를 마시고 책도 보고, 일광욕을 즐기고 싶은 여자를 위한 공간입니다. 루바로 꾸민 바닥은 학창시절의 달콤한 추억을 되살려주기도 합니다.

073

베란다 공간 활용으로 만든
세탁 수납장과 가벽

좁은 베란다에 세탁기가 놓여 있어 수납 공간도 부족하고,
덩그러니 있는 세탁기도 주변 환경과 어울리지 않아 고민이죠?
셀프 인테리어로 베란다를 꾸미면서 세탁기 위의 넉넉한 수납 공간과
보기 싫은 세탁기를 가리기 위해 원목형 미니가벽을 세워주었습니다.
숲속을 닮은 그린 컬러로 페인팅해주어
아늑하면서도 편안한 느낌으로 변신하였습니다.

before

사용한 도구 전기타카, 충전드릴, 직소기, 철제피스, 붓
사용한 재료 각재(두께 30㎜×폭 60㎜×길이 3600㎜),
미송 루바(두께 12㎜×폭 110㎜×길이 3600㎜), 목공본드, 경첩, 빈티지 번호판,
페인트(벤자민무어 네츄라 Southfield Green Hc 129), 스테인(본덱스 오일 스테인 월넛)

6장_ 베란다

1 세탁 수납장이 될 공간의 사이즈를 잰 후 각재(두께 30mm×폭 60mm×길이 3600mm)로 틀을 잡고 선반 지지대도 만든다.

TIP 베란다 창고문 만드는 과정을 참고하세요.

2 루바 패널문(가로 380mm×세로 640mm)을 경첩을 이용해서 고정하고, 세탁기 옆쪽 벽면에 세로로 각재를 고정한다.

3 일정 길이의 미송 루바(두께 12mm×폭 110mm×길이 100mm)를 나란히 끼워서 가벽을 만든다.

4 폭이 좁은 미송 루바 패널(두께 12mm×폭 3mm×길이 100mm)에 목공본드를 바른다.

5 나란히 끼운 루바 테두리를 둘러준 후 전기타카로 고정한다.

6 뒤편에도 폭이 좁은 미송 루바 패널(두께 12mm×폭 110mm×길이 100mm)을 가로로 한 번 덧댄다.

7 루바 위쪽 측면에 목공본드를 바른다.
8 폭이 좁은 미송 루바 패널(두께 12㎜×폭 35㎜×길이 650㎜)을 올려주고 전기타카로 고정한다.

9 루바 가벽 앞쪽에 빈티지 번호판을 피스를 이용해서 고정한다.
10 루바 가벽 오른쪽 윗부분에 경첩을 부착한다.

11 루바 가벽을 루바 패널 벽에 고정하기 위해 철제피스를 준비한다.
12 3번의 덧댄 각재 위에 가벽을 경첩으로 고정한다.

6장_ 베란다

13 내추럴한 나뭇결이 도드라진 세탁 수납장과 루바 가벽 완성.

14 숲속의 편안한 느낌을 표현하기 위해 페인트(벤자민무어 네츄라 southfield green HC 129)를 준비한다.

15 페인트를 가벽과 수납장 문 전체에 2회 칠한다.

16 스테인(본덱스 오일 스테인 월넛)을 가벽 상판에 1회 칠한다.

TIP 벽돌에 각목을 고정할 때에는 시멘트용 기리로 벽돌에 구멍을 뚫어줍니다. 구멍이 조금 크게 뚫어졌을 땐 이쑤시개를 구멍 사이에 넣어줍니다. 튼튼하게 고정하기 위해 일반 피스보다는 철제피스를 사용하는 것이 좋습니다.

074
편안한 분위기의
베란다 바닥 데크

베란다는 특별히 난방이 안 되어 추운 겨울철엔 잘 나가지 않게 된답니다.
그런 베란다 바닥을 원목으로 튼튼하게 고정해주면
편안한 분위기의 컨츄리 느낌을 얻을 수 있습니다.
아이들이 있는 가정에선 아이가 나무를 직접적으로
밟을 수 있기에 정서적으로도 좋습니다.

before

사용한 도구 전기타카, 직소기, 스펀지 붓
사용한 재료 나왕 루바(두께 12mm×폭 110mm×길이 3600mm-8개)-1단,
각재(두께 3mm×폭 60mm×길이 3600mm), 스테인(벤자민무어 아보코트 투명 스테인)

크기 가로 2600mm×세로 800mm

6장_ 베란다

1 베란다 바닥 폭만큼 각재(두께 3mm×폭 60mm×길이 800mm)를 재단해서 일정한 간격으로 깔아준다. 나왕 루바(두께 12mm×폭 110mm×길이 3600mm)를 가로로 한 장씩 올려주며 전기타카로 고정한다.

2 나왕 루바 자체가 무게감이 있어, 전기타카를 사용할 때 손목에 힘을 강하게 주며 작업해야 한다.

3 방습과 곰팡이 방지에 효과가 있는 스테인(벤자민무어 아보코트 투명 스테인)을 준비한다.

4 스테인을 바닥 전체에 2회 칠해준다.

5 스테인을 건조한 다음, 그 위에 칠해주고 건조하기를 3회 정도 반복한다.

> **TIP**
> 베란다 바닥 데크재로 사용하는 나무는 습기와 곰팡이 방지에 효과가 좋은 원목을 사용해야 합니다. 교실 바닥재로 많이 사용하는 나왕 주바는 적당한 무게감이 있어 타카 작업 시 많은 힘을 가해야만 일정하게 박힙니다. 튀어나오는 타카의 머리심은 망치로 톡톡 쳐서 깔끔하게 마무리해줍니다. 베란다 샷시로 튀어 들어오는 빗물이 직접적으로 닿을 수 있는 원목 데크는 방수효과를 위해 오일 스테인과 바니시 작업을 여러 번 해주는 것이 좋습니다. 베란다 바닥 각재는 세로로만 깔아주어도 지지대 역할을 충분히 하기 때문에 가로로 깔아주는 작업은 생략합니다.

10분 만에 완성한
빈티지 조명

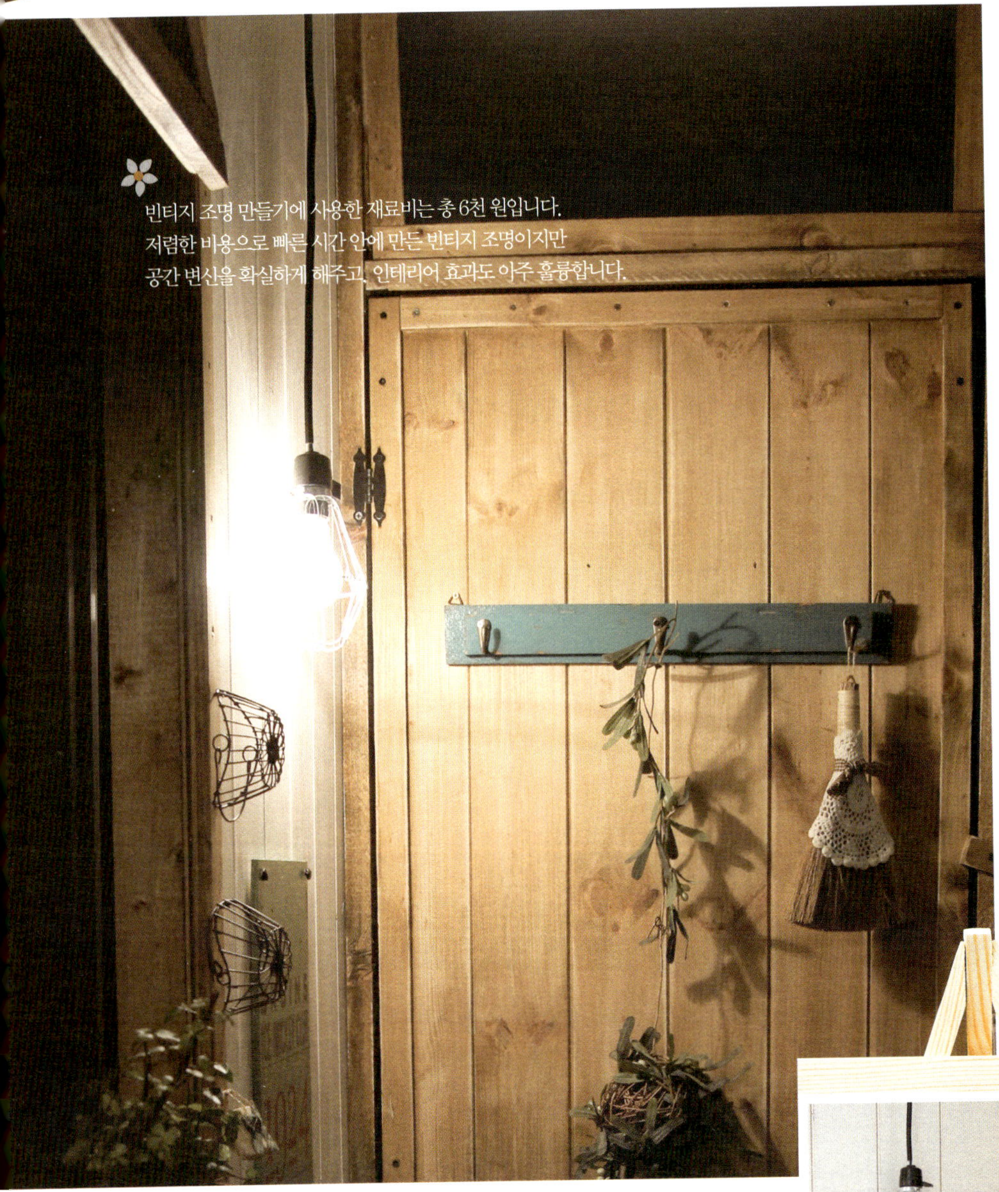

빈티지 조명 만들기에 사용한 재료비는 총 6천 원입니다.
저렴한 비용으로 빠른 시간 안에 만든 빈티지 조명이지만
공간 변신을 확실하게 해주고, 인테리어 효과도 아주 훌륭합니다.

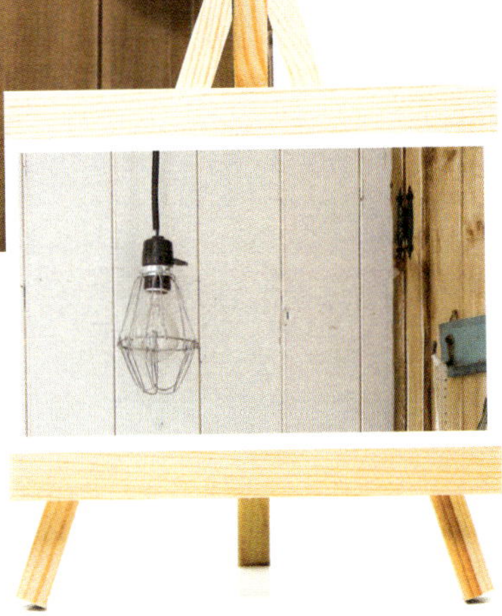

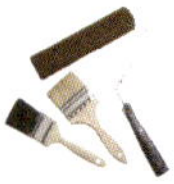

사용한 도구 드라이버, 니퍼
사용한 재료 소켓, 플러그, 와이어 양철망, 전선, 전구(60w)

6장_ 베란다

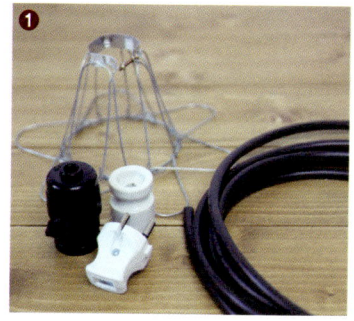

1 초간단 조명 만들기 재료를 준비한다.

2 니퍼를 이용해서 전선 끝에서부터 2cm 높이 부분의 피복을 벗겨낸다.

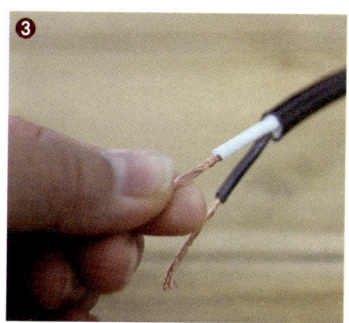

3 보이는 구리선 2가닥을 각각 꽈배기처럼 꼬아준다.

4 플러그의 피스를 풀어내어 플러그를 분리한다.

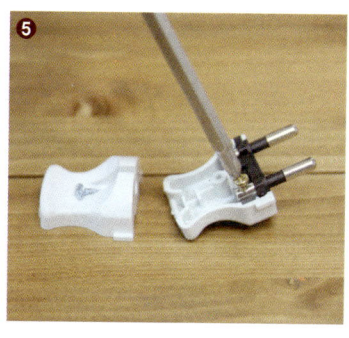
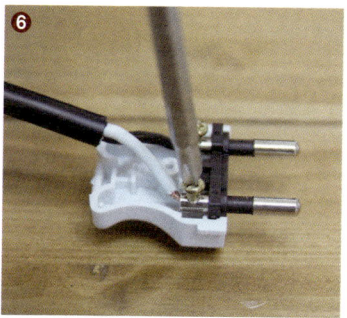

5 플러그 안의 접지 피스를 약간 풀어준다.

6 접지 구멍 안으로 3번의 구리선을 끼운다.

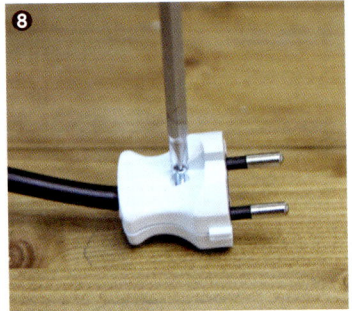

7 검정색 선과 흰색 선을 플러그 입구 쪽 홈 안으로 나란히 밀어넣는다.

8 플러그의 뚜껑을 씌운 후 피스로 고정해준다.

9 소켓을 돌려 뚜껑과 몸통을 분리한다.

10 소켓 구멍 안으로 피복을 벗긴 전선줄을 통과하게 한다.

TIP 2번의 전선줄 반대편 쪽 피복을 벗겨내어 구리선을 꽈배기처럼 꼬아주세요.

11 소켓 몸체의 피스를 약간 풀어내어 구리선을 감아 고정한 후 드라이버로 조인다.

12 뚜껑과 몸체를 서로 합쳐 돌려서 고정한다.

6장_ 베란다

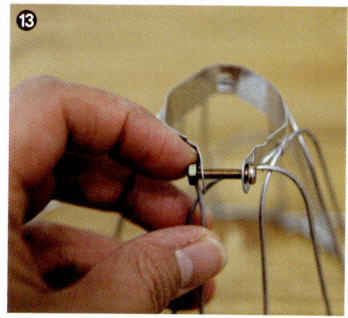

13 와이어 양철망 입구 쪽 피스를 풀어 입구를 넓힌다.

14 11번의 소켓을 와이어 양철망 입구에 끼운 후 피스를 조인다.

15 소켓에 전구를 끼운다.

> **TIP**
> 조명 만드는 재료는 주부가 자주 접하는 재료가 아니기에 충분한 재료 설명을 듣고, 작업해야 합니다. 전선을 접지 구멍에 고정할 때는 옆 전선과 붙지 않도록 주의해서 감아줍니다. 묽은 물은 손으로는 절대 콘센트의 플러그를 꽂거나 뽑지 않아야 합니다.

햇살이 들어오는
창가의 원목 덧창

원목 패널과 마룻바닥, 초록색 세탁 수납장,
숲속 느낌의 창고 문 그리고 레트로풍 원목 덧창까지.
셀프인테리어로 작업한 베란다 공간이 컨츄리풍 카페로 변신했네요.
예전 베란다와는 비교도 할 수 없을 만큼 멋스럽게 변신한
베란다를 바라보며 따뜻한 커피 한잔의 여유를 즐겨보세요.

before

사용한 도구 전기타카, 충전드릴, 실리콘건
사용한 재료 키엔호 고재티크 패널(두께 15mm×폭 45mm×길이 890mm-2개,
두께 15mm×폭 45mm×길이 320mm-4개), 폭이 좁은 루바쫄대,
스테인(벤자민무어 아보코트 투명 스테인), 손잡이 2개, 목공본드, ㄱ자 평철,
투명 실리콘, 경첩 4개, 손잡이닷컴 모루 유리(가로 750mm×세로 425mm-1장,
가로 820mm×세로 425mm-1장)

6장_ 베란다

1 창틀로 사용될 고재티크 패널(두께 15mm ×폭 45mm×길이 890mm–2개, 두께 15mm×폭 45mm×길이 320mm–4개)에 스테인(벤자민무어 아보코트 투명 스테인)을 1회 칠한다.

2 스테인을 칠한 패널이 완전 건조될 때까지 기다린다.

3 패널과 패널 연결부분에 목공본드를 바른다.

4 네모틀로 만들고 ㄱ자 평철로 연결한다.

5 폭이 좁은 미송 루바쫄대를 준비해서 네모틀 테두리 부분으로 둘러준다.

6 전기타카로 튼튼하게 고정해서 창틀을 만들어준다.

7 2개의 창문을 만들어야 하므로 창틀 2개를 만들어 준비한다.

8 유리를 끼우기 전에 경첩을 창틀에 먼저 고정한다.

9 루바쫄대 부분에 투명 실리콘을 쏘아준다.

10 모루 유리를 올려준다.

11 유리 위 가장자리 부분에 투명 실리콘을 덧씌운다.

TIP 실리콘이 굳는 시간까지는 하루 이상의 시간이 걸리므로 2일 정도 움직이지 않게 잘 고정해주세요.

12 손잡이를 피스로 고정한다.

6장_ 베란다

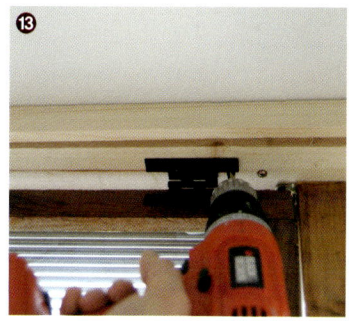

13 가창틀에 완성된 유리창을 고정한다.

14 가벽 기둥에 지지대로 사용할 패널을 고정한다.

15 유리창을 고정한 패널 위쪽으로 올려놓는다.

TIP 두께감이 있는 유리를 사용했기 때문에 창틀에 고정할 땐 실리콘 작업을 잘 해주어야 합니다. 실리콘이 충분히 굳기 전에는 창틀에 고정한 유리가 움직이지 않도록 주의해주세요. 햇볕과 비바람에 그대로 노출되는 원목 창틀은 작업이 끝난 후 바니시 마감을 여러 번 해주는 것이 좋습니다.

077

컨츄리풍 카페 분위기로
베란다 인테리어

오래된 단독주택의 베란다 공간은 대부분 그렇듯이 너무나 좁게 설계되어 있습니다. 멋스럽게 꾸며주고 싶어도 큰 공사가 될 것 같아 감히 엄두도 못낸 베란다이기에 셀프 인테리어로 작업하기 전 재료 준비와 작업 도면을 꼼꼼하게 준비하고 체크했습니다. 창고도 없고 시탁실도 없는 좁은 복도형 베란다에 전체적으로 우드 패널을 둘러주어 아늑한 느낌을 주고, 수납 공간으로 만든 창고형 수납장은 컨츄리풍 문짝을 달아서 숲속 느낌으로 만들어 주었습니다.

사용한 도구 충전드릴, 전기타카, 실리콘건, 직소기, 고무망치, 시멘트용 기리, 금색피스(철제피스), 톱, 끌, 스펀지 붓

사용한 재료 전체 틀 각재(두께 30㎜×폭 60㎜×길이 3600㎜-8개)-2단, 미송 루바 패널(두께 12㎜×폭 110㎜×길이 3600㎜-8개)-4단, 가벽 중간 선반-스프러스 판재(두께 30㎜×폭 140㎜×길이 3600m-1장), 페인트(벤자민무어 리갈 white dove OC 17), 스테인(본덱스 오일 스테인 벗나무, 도토리), 파덱스PL60본드, ㄱ자 꺽쇠, 경첩, 실리콘

before

6장_ 베란다

1 베란다 창가 벽쪽으로 원목을 덧대기 위해 각재(두께 30mm×폭 60mm)로 골조 작업을 한다.

TIP 콘크리트 벽에 각재를 고정하기 위해서 시멘트용 기리로 구멍 작업을 한 후, 철제피스로 고정합니다.

2 각재와 각재 연결부분은 ㄱ자 꺽쇠로 고정한다.

3 베란다 테두리 골조 작업을 마친 후, 격자 모양으로 골조 작업을 한다.

4 각재에 파덱스PL60본드를 발라 미송 루바 패널을 붙인다.

5 미송 루바 패널(두께 12mm×폭 110mm)을 2, 3장씩 나란히 끼워준다.

6 끼워진 패널을 골조 위에 덧대면서 전기타카로 고정한다.

7 창가 아랫부분은 환기 구멍용으로 문을 짜 넣기 위해 비워둔다.

8 베란다 한쪽 편에는 수납용 창고를 만들 것이다.

9 수납용 창고를 만들기 위해 각재로 틀을 잡고, 중간 선반 지지대 작업까지 해준다.

10 벽돌에 기리 작업을 한 후 지지대로 사용할 각재를 고정한다.

11 미송 루바 패널을 나란히 끼워서 선반으로 고정한다.

TIP 전기타카를 사용해야 하기 때문에 아래 선반 작업부터 시작하고 위쪽 선반 작업을 해주세요.

12 가창 중간에 스프러스 판재를 선반으로 끼워준다.

13 미송 루바 패널을 이용해 창고문을 만든다.

14 창고문 윗부분과 세탁 수납장 윗부분에 끼워 넣을 유리창을 만든다.

TIP 유리창 만드는 방법은 원목 덧창 만들기를 참고하세요.

6장_ 베란다

15 미송 루바 패널로 통풍용 가리개 문짝과 세탁 수납장 문을 만든다.
16 폭이 넓은 경첩으로 창고 문과 가창 아래 패널문을 달아준다.

17 스테인을 칠하기 전이지만 뽀얀 나뭇결이 도드라진 베란다 모습.
18 스테인(본덱스 오일 스테인 도토리)을 가창 중간 선반과 테두리 부분에 칠하고, 창고 문은 스테인(본덱스 오일 스테인 벗나무)을 각각 2회 칠한다.

19 바니시 작업이 따로 필요 없는 페인트(벤자민무어 리갈 white dove OC 17)를 준비한다.
20 미송 루바 패널 전체에 페인트(벤자민무어 리갈 white dove OC 17)를 2회 칠한다.

> **TIP**
> 베란다 셀프 인테리어에 사용한 원목 패널은 온라인 숍이 아닌 동네 건재상에서 구입했습니다. 많은 양을 저렴하게 살 수 있는 방법이기도 합니다. 벽면에 끝조 작업을 할 때는 일반 피스보다 철제 피스를 사용하는 것이 좋습니다. 철제피스는 나무 갈라짐 현상이 없어 이중기리 작업을 생략한 채 바로 사용할 수 있어 작업하기가 더 수월합니다. 햇빛과 공기에 그대로 노출되는 베란다이기에 사용하는 목재도 일반 패널보다 루바형 패널을 사용해서 수축 현상을 줄여주는 것이 좋습니다. 스테인이나 바니시 마감은 꼭 해줘야 합니다.

숍에서 판매하는 소품 흉내 낸
쓰레받기

원목으로 만들어진 쓰레받기입니다.
자연스런 색감의 스테인과 화이트 컬러를 칠해
내추럴 소품으로 만들어보았습니다.
그동안 소품 숍에서 판매하는 쓰레받기를 눈여겨보다가
직접 만들어보니 더 의미있고 소중하게 느껴집니다.

before

사용한 도구 조각도, 수동샌더기, 스텐실 붓, 사포220방, 스펀지
사용한 재료 바이지요 반제품 쓰레받기 2개,
페인트(벤자민무어 벤 cloud white W 626), 엔틱 글레이즈(제너럴 피니쉬 반닥 브라운),
스텐실 본
크기 가로 250㎜×폭 250㎜×높이(손잡이 높이 포함) 330㎜

6장_ 베란다

1 조각도를 이용해서 쓰레받기에 군데 군데 흠집을 내준다.

2 스펀지에 적당량의 엔틱 글레이즈(제너럴 피니쉬 반닥 브라운)를 묻혀 쓰레받기 전체에 1회 칠한다.

3 엔틱 글레이즈가 건조된 후 페인트(벤자민무어 벤 cloud white W 626)를 2회 칠한다.

4 페인팅이 다 마를 때까지 기다린다.

5 페인팅 건조 후, 수동샌더기에 사포 220방을 끼워서 테두리 부분 위주로 샌딩한다.

6 스텐실 본을 대고, 스텐실을 찍는다.

7 내추럴하고 컨츄리한 느낌의 쓰레받기 완성.

244 • 245

쉽고 간단하게 만드는
조화걸이 소품

- 큰돈 들이지 않고서 쉽고 간단하게 만든 생활 소품입니다.
소소한 리폼일수록 완성 후의 뿌듯함은 배가 되는 것 같습니다.
틈틈이 모아두었던 열쇠고리 참 장식으로 포인트를 주니
나만의 독특한 개성이 담긴 빈티지 소품이 완성되었습니다.

before

사용한 도구 가위, 아일렛 펀치, 양면 테이프
사용한 재료 빈 우유갑, 조화, 커피 가루, 마끈, 열쇠고리 참 장식,
커피 재생봉투 또는 크라프트지, 아일렛 2개

6장_ 베란다

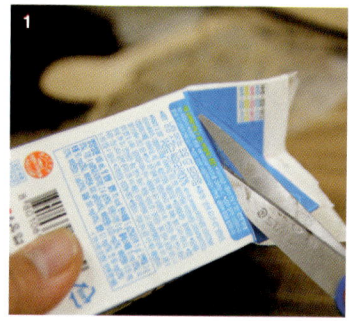

1 우유갑 입구 부분은 가위로 잘라준다.
2 준비된 커피 봉투 안쪽에 들어 있는 커피 찌꺼기를 깨끗이 제거한다.

3 커피 재생봉투 한쪽 부분을 잘라내어, 우유갑을 올려준다.
4 커피 봉투 한쪽 가장자리에 양면 테이프를 붙여준다.

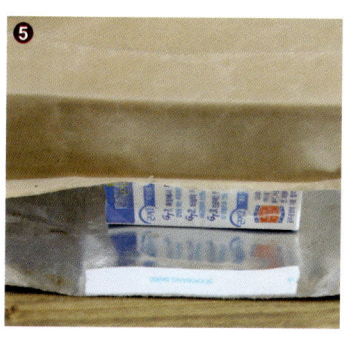

5 우유갑을 포장하듯이 양면 테이프에 고정해가며 감싸준다.
6 밑부분은 선물 포장 마무리하는 방법으로 접은 후 양면 테이프를 붙여준다.

7 양면 테이프에 고정하며 깔끔하게 접어준다.

8 입구 쪽 네 모서리 부분을 우유갑 입구까지 잘라낸다.

9 양면 테이프를 사용해서 우유갑 안쪽으로 커피 봉투를 접어 붙여준다.

10 아일렛 펀치로 마주보이는 우유갑 옆면과 앞쪽에 구멍을 내준다.

11 구멍 사이로 아일렛을 고정한다.

12 아일렛 구멍 안쪽으로 마끈을 집어넣고 두 번 정도 매듭을 지어준다.

TIP 마주보이는 옆면 두 곳에 마끈이 빠지지 않을 정도로만 매듭을 지어주세요.

6장_ 베란다

13 앞부분의 아일렛 구멍 사이로 열쇠고리 참 장식을 달아준다.
14 우유갑 안에 커피 가루를 담는다.

15 사용하지 않는 조화를 넣는다.
TIP 스티로폼이나 조약돌을 넣어준 후 조화를 담아내도 됩니다.

TIP
아일렛 펀치 사용 대신 끝이 뾰족한 도구나 송곳을 사용해도 되고, 커피 봉투가 없을 때에는 쌀포대 종이나 크라프트 종이를 사용도 됩니다. 우유갑 안에 커피 가루를 채우기 전, 무게감을 주기 위해 돌멩이를 넣어 주는 것도 좋은 방법입니다.

자투리 나무와 패브릭으로 완성한
인터폰 가리개

베란다 한편에 설치되어 있는 낡고 오래된 인터폰이
너무 보기 싫어서 자투리 나무와 패브릭 한 장을 이용하여
초간단 인터폰 가리개를 만들었습니다.
번거로운 톱질과 못질을 하지 않고서도 만들 수 있는
패브릭 인터폰 가리개를 계절마다 분위기도 낼 겸
다른 느낌의 패브릭으로 바꿔가며 사용해 보세요.

before

사용한 도구 실리콘건(플라스틱), 붓, 비오
사용한 재료 자투리 패널(두께 15mm×폭 70mm×길이 230mm-1개),
패브릭(가로 203mm×세로 320mm-1장), 스테인(본덱스 오일 스테인 벚나무), 실리콘
크기 가로 400mm×폭 300mm×높이 520mm

6장_ 베란다

1 인터폰과 벽면 사이에 실리콘을 쏘아준다.

2 자투리 패널(두께 15mm×폭 70mm×길이 230mm)을 실리콘 위에 올려 손으로 꾹 눌러 고정한다.

TIP 실리콘이 굳는 시간은 보통 하루 정도 걸려요.

3 패널 전체에 스테인(본덱스 오일 스테인 벚나무)을 1회 칠해준다.

4 패브릭(가로 203mm×세로 320mm)은 인터폰보다 사방 10mm 넓은 사이즈로 재단해준다.

5 테두리 시접(5mm~10mm)을 접어준다.

6 테두리 부분은 미싱으로 박아준다.

TIP 미싱 작업이 힘든 경우엔 손바느질로 홈질해도 됩니다.

7 패널 앞부분에 완성된 패브릭을 비오를 사용해서 고정해준다.

TIP 비오가 없을 땐, 압정이나 작은 못을 사용해도 됩니다.

TIP 자투리 나무와 패브릭으로 만든 인터폰 가리개는 벽에 못질을 따로 해주지 않아도 설치할 수 있어요.

부록

계단

천국의 계단처럼 꾸며진 카페풍 계단

1층과 2층으로 된 오래된 슬라브 집에서 가장 마음에 드는 공간이 바로 계단이랍니다. 1층에서의 삶이 현실이라면 2층에서의 삶은 미래입니다. 무한한 가능성을 깨워주는 인테리어로 얼마든지 탈바꿈할 수 있는 공간이지요.

081

복층식 계단의 3단계 작업

페인팅, 핸디코트, 시트지

before

사용한 도구 롤러, 밀대, 고무헤라, 끌, 붓, 트레이
사용한 재료 페인트(벤자민무어 네츄라 cloud white 967), 핸디코트(철물점 구입), 손잡이닷컴 목 무늬 필름지

부록_ 카페풍 계단

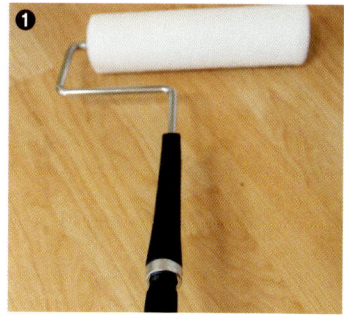

1 2층 높이의 계단 벽면과 천장에 페인팅을 위해 긴 밀대와 롤러를 준비한다.
2 비닐 봉지를 씌운 트레이에 페인트(벤자민무어 네츄라 cloud white 967)를 적당량 덜어낸다.

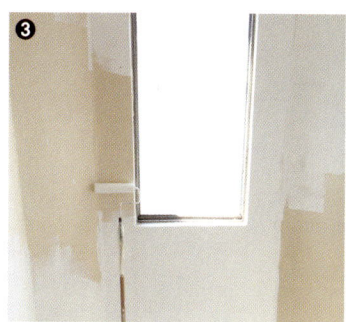

3 높은 곳엔 사다리를 타고 올라가 벽면 전체에 페인트를 2회 칠한다.
TIP 낮은 곳엔 붓을 이용해서 페인트를 칠해줘도 됩니다.
4 계단에 시공되어 있던 몰딩은 끌을 이용해 제거한다.

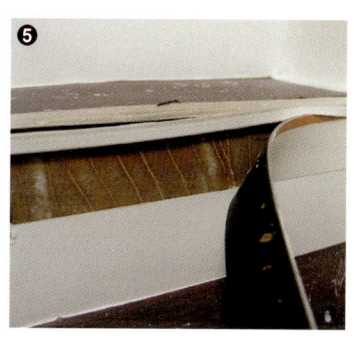

5 계단 앞면의 장판도 모두 제거한다.
6 핸디코트 작업을 하기 전에 지저분한 쓰레기와 먼지들은 깨끗하게 청소한다.

7 핸디코트를 플라스틱 판에 적당량 덜어낸다.

8 고무헤라를 이용해서 계단 앞쪽 면에만 2회씩 칠한다.

9 핸디코트가 건조되면 벽면에 칠했던 페인트를 2회 칠한다.

10 목 무늬 필름지를 계단 폭 사이즈만큼 재단해준다.

TIP 필름지는 시트지보다 조금 두껍고, 장판보다 조금 얇아요.

11 계단에 필름지를 한 장씩 붙여주며 네모난 도구를 이용해 바닥에 잘 붙게 밀어준다.

복층식 계단 창문에 패널 문 달기

before

사용한 도구 망치, 못, 충전드릴, 스텐실 붓, 스펀지
사용한 재료 미송 패널(두께 4.8mm×폭 100mm×길이 720mm-7개),
세로로 덧댈 패널(두께 4.8mm×폭 85mm×길이 300mm-4개),
각재(두께 30mm×폭 50mm×길이 720mm-2개, 두께 30mm×폭 50mm×길이 1120mm-2개),
스테인(트루톤내추럴 우드 스테인 라이트오크), 스텐실 본, 아크릴물감(검정),
경첩 4개, 검정 손잡이 2개, 목공본드

1 각재(두께 30mm×폭 50mm×길이 720mm-2개, 두께 30mm×폭 50mm×길이 1120mm-2개)를 준비해서 나무와 나무 연결부분에 목공본드를 발라주고 ㄱ자로 조립한다.

2 나머지 각재들을 이용해서 네모난 틀로 만든다.

3 유리문이 있는 틀 위에 각재 틀을 끼워준 후 이중기리로 구멍을 낸 후 두꺼운 피스로 틀을 고정한다.

TIP 시멘트 벽에 피스 작업을 할 때는 시멘트용 기리로 구멍을 뚫어준 후 피스를 사용합니다.

4 사각면으로 피스 작업을 해서 틀을 튼튼하게 고정해준다.

5 미송 패널(두께 4.8mm×폭 100mm×길이 720mm)을 나란히 붙여주어, 문짝 크기로 가조립한다.

6 세로로 덧댈 패널(두께 4.8mm×폭 85mm×길이 300mm)에 목공본드를 발라서 준비한다.

부록_ 카페풍 계단

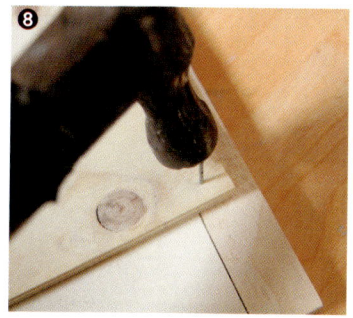

7 패널 문짝 위 아래 세로로 덧댈 패널을 올려준다.

8 일정한 간격을 유지하며 못질로 튼튼하게 고정한다.

9 조립이 끝난 패널문을 경첩을 이용해서 창문틀에 부착한다.

TIP 열고 닫는 창문이 아니기에 문짝 사이즈는 틀에 꼭 맞게 만들어주세요.

10 스테인(트루톤 내추럴 우드 스테인 라이트 오크)을 스펀지에 묻혀 1회 칠한다.

11 패널문 하단에 스텐실 본을 대고 스텐실을 찍는다.

12 패널문 중간 부분에 검정 손잡이를 부착한다.

083

낭만적인 분위기를 연출하는

그래픽스티커

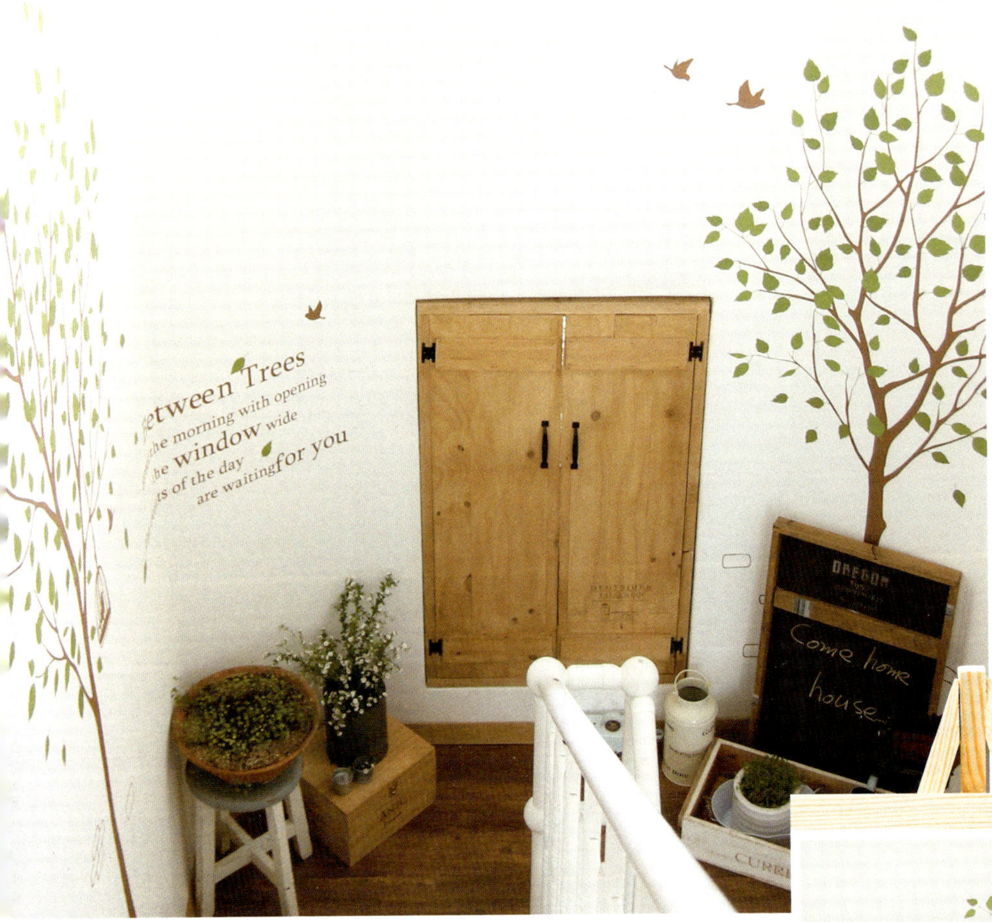

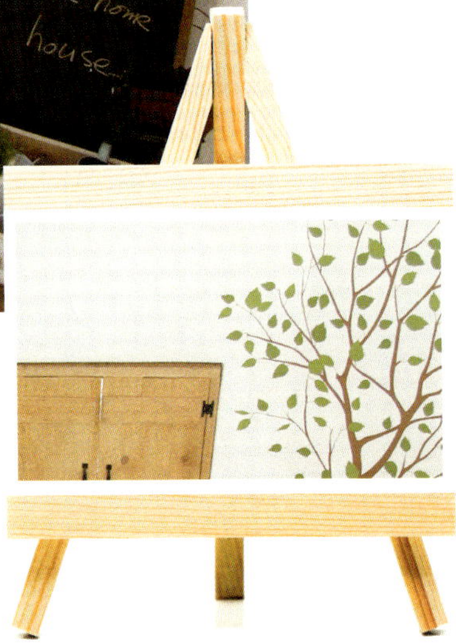

사용한 도구 플라스틱 자

사용한 재료 낭만창고 그래픽스티커

부록_ 카페풍 계단

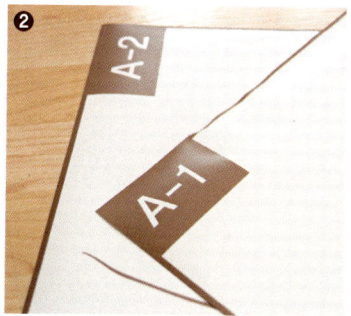

1 그래픽스티커를 준비한다.
2 그래픽스티커의 사이즈가 클 경우엔 영역별로 번호 표시가 되어 있다.

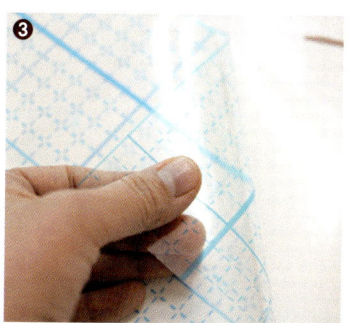
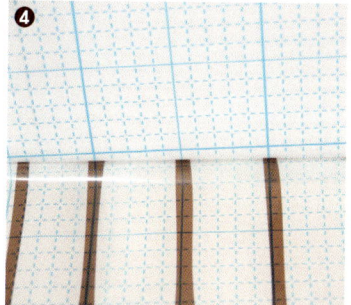

3 보조 스티커를 떼어낸다.
4 그림 스티커 위에 떼어낸 보조 스티커를 그대로 올린다.

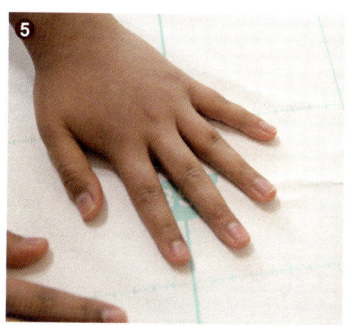

5 서로 잘 붙도록 손으로 살살 밀어준다.
6 잘 붙지 않을 경우엔 플라스틱 자로 살살 밀어 준다.

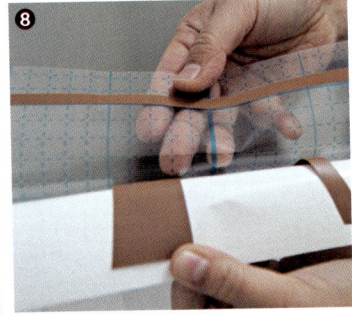

7 기포가 생기지 않도록 잘 밀착한다.
8 보조 시트지에 그림이 붙도록 잘 떼어 낸다.

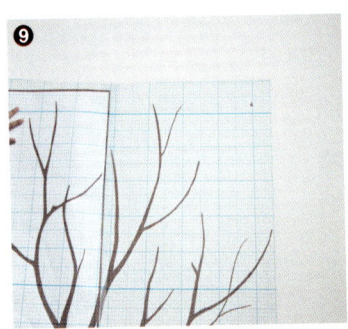

9 벽면에 두 장의 나무 그림을 퍼즐 맞추듯이 잘 붙인다.
10 손으로 보조 시트지를 살살 벗겨낸다.

TIP 손으로 떼어줄 때 밑그림이 떨어지지 않도록 조심해서 떼어내세요.

11 나무 그림이 벽면에 제대로 붙었는지 확인한다.
12 나뭇잎 스티커로 가지마다 자연스럽게 표현해준다.

느림과 정성, 그리고 핸드메이드의 즐거움을 느낄 수 있는 곳
핸드메이드 라이프 스타일 "애플컨츄리"

핸드메이드 전문쇼핑몰 애플컨츄리는 컨츄리인형/톨페인팅/DIY가구/팬시우드
싹스돌(양말인형)/재단펠트 DIY/패브릭소품/우연돌/
빈티지페인팅 소품과 가구를 디자인합니다.
애플컨츄리에서 손수 만들어 볼 수 있도록 DIY패키지 상품을
만나보실 수 있습니다.

http://www.Applecountry.co.kr